華志文化

華志文化

華志文化

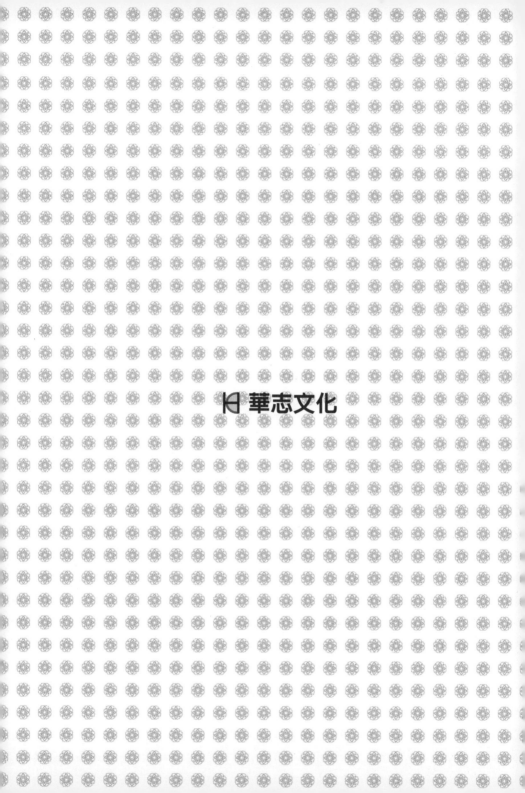

華志文化

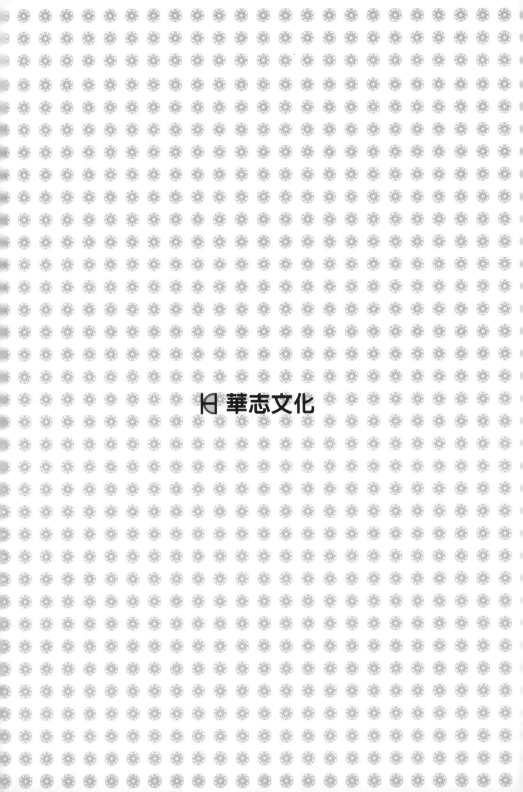

你淡定了嗎？

不是路已走到盡頭 而是該轉彎的時候

朱榮智 教授 著

華志文化

自序

十多年來，歐洲許多國家紛紛提倡「慢活」哲學，主張在生活上、工作上要放慢腳步，不要再為難自己，跟自己過不去，整天緊張、忙碌、慌亂、匆促，而要好好享受人生。其實，先秦儒家、道家早已提出這樣的觀念，只是名詞不同、說法不同而已。《大學》：「大學之道，在明明德，在親民，在止於至善。知止而后有定，定而后能靜，靜而后能安，安而后能慮，慮而后能得。」這是儒家的止學思想。《老子》：「知足不辱，知止不殆。」又：「禍莫大於不知足，咎莫大於欲得。」這是道家的止學思想。知止是人生最高的智慧，知止是人生最大的財富；學會知止才能放下得失禍福，學會知足才能擁有自由心靈。

最近在台灣十分流行「淡定」一詞，年輕朋友見面常會問：「你淡定了嗎？」期末考到了，學生要很「淡定」；物價飛漲，家庭主婦要很「淡定」；男女朋友吵架鬧分手，不管那一方要脾氣，另一方要很「淡定」。「淡定」成了新世紀人人必修的學分。

什麼叫「淡定」？簡單的說，淡是平淡、清淡，定是鎮定、篤定。前者指淡泊名利、得失，凡事不斤斤計較；後者指臨危不亂、寵辱不驚、胸有成竹。淡定是一種人生的修養，處在今天這種快速變化的時代於社會，很多人跟不上腳步，就會徬徨猶豫，不知所措。因為工作壓力、生活壓力而產生的文明病，如頭痛、失眠、胃病、血壓高、心肌梗塞、癌症……，帶給世人身心的痛苦，甚至喪失生命，問題越來越嚴重。

人生苦短要珍惜，人生無常要把握，人生多難要小心。人生百年而已，杜甫詩：「人生七十古來稀。」太悲觀了；台灣老總統蔣中正七十大壽，總統府秘書長張羣說：「人生七十才開始。」太樂觀了。我的老師林尹教授說：「人生七十才該死。」允為正解。不過，就算一個人活到一百歲，在歷史的長河裡，也不過是滄海一粟、白駒過隙而已。在有限的生命中，怎麼樣才能活得有意義、有價值，是值得大家省思的一件事。

我的人生指標是「生存有尊嚴」、「生活有品質」、「生命有價值」，什麼是「生命的價值」？就是指我們的生命對別人有價值，做個有用的人，做個能幫助別人的人，做個別人心目中有你真好的人。不是每個人都有錢，但是每個人都有愛；不是每個人都缺錢，但是每個人都需要愛。愛要流動，愛要分享，不要把熱情存放在冰箱。愛是生命的原動力，沒有愛，世界就少了色彩、少了光芒；有愛的地方，再冷的冬天也很溫暖。

人生所以有煩惱與痛苦，主要是私心太重、欲望太多。私心太重就會執著，執著是痛苦的根源；欲望太多而不能逐一滿足，就會很煩惱。人常常被置身於貧窮、恐懼與不安之中，很多人盡其一生的努力，以為有錢就能解決一切問題，有錢就不會有煩惱。其實，財富只能解決人生的一部分問題，人從物質上得到的滿足，只是短暫的、有限的，只有從精神上得到自由解放，才能徹底解決人生所有的問題。人生最重要的是要求得一顆安定的心、一顆自由的心。內心安定才能沉穩踏實，知所取捨；內心自由，才能悠遊自在，感受真正的幸福與快樂。

淡定的人心有所主，心有所主則不惑、不亂，十分沉穩；淡定的人個性通達，體悟生命變化無常，禍福相伏相倚；雲淡風清，萬般留不住，只有業相隨。人生沒有什麼放不下的，人生遲早全都要放下。

淡定是人生的覺醒，淡定是人格的成熟；淡定是心靈的平靜，淡定是身心的安頓；淡定是坦然的態度，淡定是從容的情懷；淡定是優雅的舉止，淡定是沉穩的表現；淡定是理性的抉擇，淡定是真情的流露；淡定是超然的涵養，淡定是平和的心境。淡定不是消極的人生態度，它是一種自覺的勇氣、自信的力量、知足的信念、捨得的智慧、真誠的付出。

每次過年就有歲月不饒人之感，年紀越大越怕過年，過年的意義，不是長一歲，而是老一歲。我常跟學生說我來日不多，學生說老師才六十幾歲，怎麼說來日不多？我說難道還會有另一個六十多歲嗎？過一年少一歲，不是來日不多嗎？雖然如此，我倒想得開，生、老、病、死，本來就是人生的常態，就像天候的變化，春、夏、秋、冬四季的運行，晝夜的更替。有生必有死，這是自然的法則，我很坦

然、淡定的接受。不過，生命不只是一種存在，生命追求的是意義與價值。不只是活著就好，要活就要活得很好。不是每個人都長得漂亮，但是每個人都可以活得漂亮。

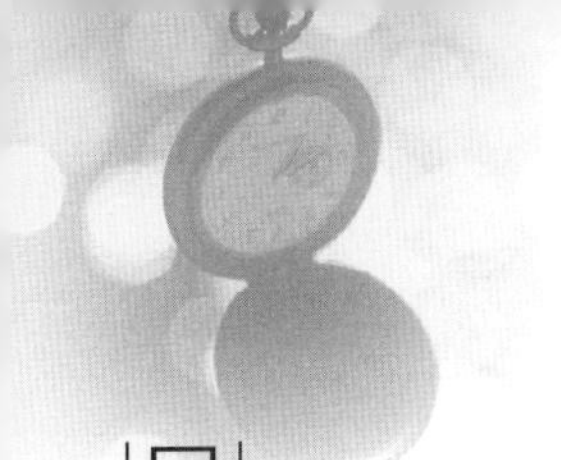

目錄 Contents

1 淡定是生命的和諧

《荀子・王制》：「水火有氣而無生，草木有生而無知，禽獸有知而無義，人有氣、有生、有知、且有義，故最為貴。」人為萬物之一，但是人在萬物之中最為靈貴，人可以與天地互相參配。《中庸》：「為天下之至誠，為能盡其性；能盡其性，則能盡人之性；能盡人之性，則能盡物之性；能盡物之性，則可以贊天地之化育；可以贊天地之化育，則可以與天地參矣。」這段話的意思是指天下至誠的聖人，才能完全發揮自己的本性；能完全發揮自己的本性，才能完全發揮眾人的本性；能完全發揮眾人的本性，才能完全發揮萬物的本性；能完全發揮萬物的本性，就可以贊助天地、化育萬物；可以贊助天地、化育萬物，就可以與天地並列為三。

人為什麼可以與天地互相參配呢？《荀子・天論》：「天有其時，地有其才，人有其治，夫是之謂能參。」天有春、夏、秋、冬四時的變化，地有豐富蘊藏的財富，人有管理事務的辦法；天、地、人各有各的功能，可以互相配合相應。中國古代強調「天人合一」的思想，以天道貫通人事，承認「天」的存在。孟子說：「天聽自我民聽，天視自我民視。」天意就是民意，天意與民意相互通連，所以中國古人非常重視人與天地萬物的和諧共存，人與天地萬物不是互相對抗，而是和平相處。

《老子》第25章：「人法地，地法天，天法道，道法自然。」老子主張人要效法天地自然的大公無私以及無為而無不為的精神。《莊子・齊物論》：「天地與我並生，萬物與我合一。」更是非常明顯指出天人合一的境界。人與天地萬物合為一體，人來自自然，回歸自然，人與自然本來就是密不可分。人要活得健康、活潑、快樂，首先就是要配合天地的變化，追求人與自然的和諧平衡。

家和萬事興，家庭的和諧是事業成功的基礎。婚姻是一輩子的經營，兩性的結合，來自不同的家庭背景、學校教育、社會經驗，以及個人的生活習慣，要在同一個屋簷相處一輩子是非常不容易的。俗話說：「相愛容易，相處難。」古人以「琴瑟合鳴」形容夫妻感情和諧、圓滿，琴、瑟是兩種不同的樂器，兩種樂器一同彈奏，一定要配合得很好，才能演奏出美妙的樂曲。夫妻之間也要互相包容、互相退讓，才不會發生爭執，產生感情的裂痕。

愛是與孩子同步成長。古代有易子而教的說法，可見親子溝通的困難，自古亦然。父母與子女是最密切的關係，可是很多父母不知道如何和子女維持良好的親密關係，不是給的太多，就是給的太少，另外就是溝通不良。在愛心中成長的孩子，人格才能健全完整，在苛責、批評、辱罵環境中成長的孩子，一定對自己沒有信心，對別人常猜忌，對社會多怨怒。所以親子之間，要以同情代替對立，以鼓勵代替批評，以讚美代替指責。

在人際關係方面，尊重是人生的第一課。雖然有人出生豪門，天生富貴，有人家境清寒，貧無立錐；有人天生麗質，面貌姣好，有人相貌平庸，體弱多病。但是眾生平等，沒有人因為有錢、有勢、長得漂亮而可以享有特權，沒有人因為窮、笨、醜而可以被人看不起。能夠尊重別人的人才能被人尊重，而尊重別人要先從看重自己開始。

人際關係的和諧，除了尊重之外，還要具備同情、關懷、慈悲、行善等德行。人生難免會有一些悲傷慘痛的事情發生，我們都不希望這樣的事情發生在我們身上，萬一不幸發生在我們身上，除了自己勇敢面對之外，也期待有親朋好友的協助、鼓勵與安慰，因此當別人有不幸的事情發生的時候，我們都有同情惻隱之心，願意付出關懷，給予最大的幫助。同情與關懷是生命的昇華。

朋友相交，難免會有一些誤會或是利益的衝突。慈是愛，悲是憫，愛是關懷，憫是同情。我們要能寬大為懷，原諒別人對我們的傷害。以恨生恨，以愛止恨。愛是生命的價值，愛是生活的動力，愛是人與人之間的坦誠相待，愛是生命迸發出來的熊熊烈火。

行善就是散播愛心，擴大善行，說好話，做好事，走好路，都是善。給人方便，給人歡喜，給人信心，給人力量，是善行的最大效益。愛是世界最偉大的力量，因為有愛，世界才不再黑暗；因為有愛，世界才能遍地光明。

一個人立身處世，最重要的是要能夠身心靈平衡和諧，自我關照。我們每天工作再忙，都要留一點時間給自己，與自己的心靈對話，問一問自己今天活得開心嗎？活得踏實嗎？一個人最大的成就，就是自我肯定，唐朝百丈懷海禪師主張「一日不做，一日不食。」我們雖然不必如此刻苦自勵，但是光陰荏苒，不能虛度，我們總要求得問心無愧、心安理得。一個人能夠身心靈平衡和諧，才能求得內心的安頓。人生最重要的是要能求得一顆安定的心，淡定的人之所以能淡定，不是因為他的生活習慣或是個性使然，而是他的內在生命能夠自得自足。誠於中則形於外，形貌安祥的人會發出自然的光輝。

淡定是生命的和諧，追求人與天地萬物的和諧，追求人與家庭的和諧，追求人與眾生的和諧，追求人與自己的和諧。不是每個人都滿意自己，不能滿意自己，是因為人與自己的不和諧，是自己的身心靈不能平衡。一個不滿意自己的人，怎麼會

你淡定了嗎？

不是路已走到盡頭，而是該轉彎的時候

滿意別人？怎麼會令別人滿意？因此，修養淡定的功夫，是人生幸福的泉源。

2 淡定是人生的覺醒

人生是一本讀不完的書，我們終其一生尋尋覓覓努力探索人生的真諦，但是很少人能夠在走到生命盡頭之前，體悟出人生的究竟。人生的通關密碼，對很多人而言，是永遠不可理解的謎。

人生百年，老天給每個人一些人間遊戲的籌碼，有的人懂得規劃、經營，不斷營利孳息，最後向閻羅王報到的時候，還有很多存款；有些人不但很快告罄，而且留下一屁股的債。人生如棋局，每下一步棋就會有不同的結果，人生如三叉路口，每一條路徑，都有不同的風景。人生充滿驚嘆號，每天眼睛一張開，就是一個新生命的開始。世界瞬息萬變，我們不知道下一分鐘又會有什麼事情發生。人在天地之間，飄忽不定，經常漂泊，今天在這裡，明天會是在那裡，誰能預料呢？我們只是過客，不是歸人。唐朝大詩人李白〈春夜宴從弟桃李園序〉有「夫天地者，萬物之逆旅。光陰者，百代之過客。而浮生若夢，為歡幾何？」的浩嘆。宋朝蘇東坡〈和子由澠池懷古〉一詩也有「人生到處知何似？恰似飛鴻踏雪泥。泥上偶然留指爪，鴻飛那復計東西？」的名句，對人生的無常，抱持無限的感慨。

消極的人面對無常的人生，只能無可奈何的逆來順受，過一天算一天，能活多久算多久，今朝有酒今朝醉，生活裡只有今天沒有明天。積極的人則能非常豁達的樂天知命，通情達理，面對無可奈何的人生，勇敢承擔，坦然接受，以優雅的態度、沉穩的心情，表現淡定的智慧。

通達的人知道人生是不圓滿的，因為世界本來就變動不羈，宇宙的定律：變是唯一的不變。「常者，無常也；無常者，常道也。」處在變動不羈的世界之中，我們只能以變應變，也只能以不變應萬變。蘇東坡〈赤壁賦〉一文說：「自其變者而觀之，天地曾不能以一瞬；自其不變者而觀之，則物與我皆無盡也。」宇宙的現象是千變萬化的，這種千變萬化的現象是恆常不變的原理。所以個性沉穩、淡定的人，面對人生的得得失失、禍禍福福，不會大喜大悲，而能以平常的心理看待，得也如

此，失也如此，「聖人之心，如明鏡止水，物來不亂，物去不留。」處理天下萬事萬物，經目不經心，怎麼來怎麼去，悠然自得，超然自在。

個性通達、淡定的人知道人生是有限的，人生是求不完的。很多人之所以活得很痛苦，是因為要求太多，有太多的欲望。人對欲望的追求，有來自物質方面的，有來自精神方面的。人在物質方面的追求，譬如希望擁有好吃的、好玩的，有豪宅、別墅、名車、美酒、佳餚、名貴的珠寶、漂亮的服飾。沒有時希望有，有時希望更多、更好。人在精神方面的追求，譬如希望得到尊嚴、盛名、學識、讚譽等等。如果一個人沒有自知之明，不能量力而為，就會不知所止，沉迷陷溺，失足傷身。

人生的痛苦，多半來自一個貪字。貪名慕利，汲汲營營，疲於奔命，即使勉強滿足心願，也未必有福氣享受；何況多半的時候是白忙一場，甚至要支付慘痛的代價而得不償失。擁有財富的人未必能夠享有財富，有能力買名車，未必有很多時間開名車；有金錢買山珍海味，未必有健康身體吃山珍海味。

個性知足、淡定的人明白要求不多才能很容易滿足，凡事隨緣自在，不貪心、不妄求、不計較得失，寬厚待人。天下沒有十全十美的事，也沒有十全十美的人。我們自己並不完美，何忍苛求別人的完美？我們不要笑鸚鵡學語，我們自己也不會飛。懂得不要求、不計較的人，是幸福的人，是快樂的人。淡定的人看透人生的真相、生命的本質，一方面不會在意於自己的得失禍福，一方面也會體諒別人的喜怒哀樂。對別人的成功，真誠去讚美、欣賞；對別人的失敗，真誠去安慰、鼓勵。

個性淡定的人知道要求愈多，煩惱就會愈多，所以對自己的生命不會抱持太多的期望，對別人、對老天，也不會有太多的要求。因為期望愈高愈難達到目標，目標不能達到，就會很難過。少一點要求，降低要求的標準，把得到當撿到，把所得到的一切都視為老天的恩典，就會很感恩、很感激，而不會有恚恨、抱怨。個性淡定的人凡事都能冷靜思考，對於自己的成功，知道是因為努力而獲得的成果；對於自己的失敗，知道是因為努力不夠，老天希望自己更好。而對於別人的友善，會心存感謝；對於別人的惡意，則虛心檢討。

人生像回力球，什麼力道打出去，就會什麼力道彈回來。淡定的人個性沉穩，做事踏實，能夠非常平允而客觀地看待自己的生命，不會貪求、妄求，不會無理取鬧、缺乏理性。淡定的人能夠以平穩的腳步，一步一印、一掌一痕，明明白白、實實在在，不會急切，也不會躁進，平穩而真切的展現他的生命價值。

3 淡定是人格的成熟

十幾年前，我應邀到韓國大邱市啟明大學擔任客座教授半年，那期間曾到大田市圓光佛教大學參加一場國際學術研討會，並發表論文，題目是「中國傳統文人的三種生命情調——以屈原、陶淵明、蘇東坡為例」。屈原是戰國時代楚懷王的大臣，忠貞愛國，卻被讒言所害，二次放逐，最後投汨羅江而死。面對人生的苦難，屈原「認」了。陶淵明為彭澤令八十餘日，因為不願意巴結督郵，掛冠而去，隱居田園。面對人生的苦難，陶淵明「逃」了。蘇東坡是北宋才子，詩、詞、文、書法，皆稱大家，因為恃才，得罪當道，屢次被貶官。面對人生的苦難，蘇東坡「轉」了，當不了大官，轉行作大文學家。屈原、陶淵明、蘇東坡各自代表中國文人的不同性格，各有其特色。

所謂人格，是指一個人獨特的思想與行為，換言之，即為生命情調。西方心

理學者榮格、佛洛伊德等人，對於成熟人格的特徵及發展，都有很精闢的理論和見解，歸納而言，每個人都有本我、自我與超我。本我是人出生即有的原始欲望，是原始的自己。自我是指有意識本能的自己，懂得配合社會與生活環境而作追求和調適。超我是人格的理想，屬於道德層面的價值判斷。每個人都有獨立性、連續性及統合性，偏執的人格、自我意識太強烈，不懂得尊重別人、關懷別人、體諒別人，缺少同情心與責任感，甚至有反社會、反傳統的暴力傾向。

一個人格成熟的人，是能夠自我覺醒、自我惕勵，而且能夠維持良好的人際關係。人格成熟的人，能夠自我認知、自我管理及自我實現，具有完整的人格，可靠而值得信賴。

生命的存在，自有意義與價值，人是理性的動物，每個人都有思考的能力，懂得生而為人應該要如何善待生命。一方面認識自己的能力及條件、一方面要學習自我管理，克制自己的欲望，最後才能實現自己的生命理想。新世代的年輕人，沒有經過戰亂、沒有度過貧困，很多人從小養尊處優，太被驕縱，只有私心、己利，缺少同情、利他的心理，往往人格會有偏頗，不夠成熟。

成熟的人格，能夠自我覺醒，所以能夠建立明確的人生目標，知道自己要什麼？不要什麼？人生有正確的目標，才不會誤入歧途；人生有正確的目標，才能夠集中精神、全心全力勇往邁進，發揮人生的價值。

成熟的人格，能夠自我惕勵，所以不會因為受到誘惑而放棄理想，也不會因為人性的懈怠而放棄努力。相反的，因為不斷的自我惕勵而提升自己處理事情的能力。

成熟的人格，最重要的是能夠維持良好的人際關係。人是群居的動物，人與自己的家人、朋友、工作夥伴，甚至社會上的陌生人，都會有或親或疏的關係。中國古代有五倫之說，現代人加上群己關係，稱為六倫。不管是五倫或是六倫，都是泛指一切人際關係。人如何與別人維持良好的人際關係，是一件非常重要的事。

人格成熟的人，心裡有自己，還有別人，立身處事不會只從自己的角度看問題，還要設身處地，審己以度人。儒家講恕道，就是要推己及人，「己所不欲，勿施於人。」「己立立人，己達達人。」人格成熟的人，都有道德勇氣，能夠有同情心與愛心，願意付出和奉獻。

淡定的人是人格成熟的人，因為淡定的人處事做人，沉穩安定，不急促、不急切，舒緩自如，而且不虛張、不浮誇、不會驕傲自大，也不會自怨自嘆或是自暴自棄。淡定的人很有自信，不只可以自我認知，也可以自我管理，有安定的情緒而不會有異常的行為。

淡定的人有明確的人生信念，知道自己該做什麼、不該做什麼？另外，淡定的人也很篤定知道自己能做什麼、不能做什麼？所以就不會逾越自己的能力而有太多的貪求。

人生的煩惱，往往因為貪求太多，超乎自己的能力和需求。超乎自己的能力而力有不逮，固然是一件難過的事，超乎自己的需求，也會帶來很多的煩惱。

人生最重要的是要有智慧知道自己的能力和需求。不管是能力或需求，都要量力而為、適可而止；淡定的人就有這種智慧，知所取捨、要求不多，清淡看待生命，而且知其所止，求得內心的平定。

淡定是人格的成熟，因為淡定的人能自我覺醒與自我惕勵，有積極的生命態度。「淡定」的「淡」，不是冷淡而是平淡，冷淡是對人、對事的冷漠；平淡是對人、對事的沉穩平和的看待，是淡中有味，而不是淡而無味。

「淡定」的「定」，不是不動而是穩定。不動是固著在一個定點，固定不變，沒有彈性，不能變化；穩定是追求平衡、均衡、不偏不倚，因勢利導，隨時可以機動調整，以求得最後的和諧安定。

淡定的人有成熟的性格，所以有解決問題的能力，能主動與人交往，能夠客觀而正常的表達情感，而且理智控制，誠實不自欺，有好的人緣。

4 淡定是真情的流露

熱戀中的男女當街擁吻，並不讓人艷羨，看見走路蹣跚的年老夫妻攜手過街，才令人十分感動。林覺民《與妻訣別書》：「願天下有情人都成眷屬」的名句，現在要改口：「願天下眷屬都成有情人」，因為天下的怨偶愈來愈多，以前是「相見如賓」，慢慢的是「相見如冰」，甚至是「相見如兵」，仇家相見，水火不容。

為什麼現代人的離婚率節節升高？中國人的古訓：「相忍為安。」現在已成了高調。兩性平權，女性自主的觀念，強化了自由的意識。「伴」是每個人成為另一個人的另一半，每個人犧牲自己的一半，才有一個完整的家，每個人要求完整的自己，就只剩半個家。做人在能忍不能忍而已，現代人都太不能忍。

年輕人渴望轟轟烈烈的愛情，但是一旦結為連理，如何珍惜平淡的家庭生活，很多人沒有心理上的準備與調適，以致無法忍受平淡無趣的婚後日子。天天為油、米、柴、鹽、醬、醋、茶在煩惱，在為家庭開支多少計算，甚至一點點芝麻小事都可以點燃家庭戰爭。在丈夫的眼中，太太不再是那個善解人意、柔情似水的女孩；在太太的眼中，丈夫也不再是那位細緻體貼、呵護備至的男生，然後就開始懷疑當初決定要結婚，會不會是一項錯誤的選擇？

其實，婚姻是一輩子的經營，不管結婚之前，相識多久，相愛多深，結婚以後一切重新開始。白雪公主經過千辛萬苦嫁給白馬王子之後，從此過著幸福快樂的生活，這只會在童話故事中出現，在現實中每天要面對嚴峻而真實的考驗。談戀愛的時候，男生把最美麗的講稿一遍又一遍背給女友聽，女生把最漂亮的服飾一套又一套穿給男友看。約會結束後，各自回家，重新排練。而在婚姻生活裡，是沒有NG的，吵架之後，裂痕還在，三不五時又會拿出來回鍋。

情人眼裡出西施，戀愛中的男女，對方的優點是優點，對方的缺點也是優點，等到愛已不在、情也消逝的時候，對方的缺點是缺點，對方的優點也是缺點。人沒有變，變的是感覺。從前衛靈公的寵臣彌子瑕得寵的時候，彌子瑕偷駕國君的車子出城探望母親的病，不但沒有被罰砍足的刑，還被衛靈公讚美他的孝道；彌子瑕和國君遊果園，彌子瑕吃了一顆很甜的桃子，吃了一半捨不得吃完，留給衛靈公，衛靈公很開心。可是後來色衰愛弛，得罪了衛靈公，彌子瑕的好處全成了過失。

當愛情轉變為親情之後，雖然不再是如膠似漆，熱情濃烈，但是在平淡之中仍然能夠洋溢溫馨與甜蜜，只要細心體會、觀察，仍然處處可見對方的用心、真心和貼心。平淡不是淡而無味，而是淡中有味，只要我們努力去體會、感覺，情愛依舊，只是重新包裝而已。

愛與被愛是人生中最幸福的事，愛是心有所主，被愛是心有所屬。一個人心裡有所愛的人，人生有了目標，生命便充滿活力、衝勁、熱情、希望，再多的苦難、挑戰，都願意甘之如飴。為了所愛的人，可以犧牲一切；為了所愛的人，可以放棄所有。

一個人心裡成了被愛的人，人生變得亮麗起來，心中有了歸屬，就有了安全感。有人呵護、有人關心、有人細膩照料、有人噓寒問暖，不是很甜美很幸福嗎？有了愛，就有了一切；有了愛，就天長地久。

平實的生活是最真實的生活，古人說：「至味無味」，最好的味道是沒有味道的味道，每一種味道都各有所偏，不夠周全，只有沒有味道的味道才是最周全完備。生活也是如此，能夠甘於平凡的人才不平凡。人生最美好的事，是在平平實實的生活中發現生活的美。生活的美是隨處可見，隨手可取，只看我們有沒有心去發覺而已。藝術大師羅丹說：「這個世界不缺少美，只是缺少發現美的眼睛。」真正的幸福就是擁有一種平淡、平實、平凡的生活，人生最美的是在平平淡淡的生活中找到屬於自己的美麗故事。

一念為天堂，一念為地獄。我們可以把天堂踐踏為地獄，也可以把地獄提升為天堂，全都在於一念的取捨。如果幸福快樂的生活是生命的真諦，那要怎麼樣才能得到幸福快樂的生活呢？簡單的說，有能力過大富大貴生活的人，就去過大富大貴的生活；只有能力過平平實實生活的人，就過平平實實的生活。天下沒有最好的生活，只有最合適的生活。隨緣自在，俯仰無愧，才能大自得、大自在。

天下沒有白吃的午餐，天下事一得一失，想要過大富大貴生活的人，必須付出相對的代價。有錢的人必須忍受別人的嫉妒，有地位的人必須忍受別人的汙衊。而為了求名求利，或是守住大名大利，往往要比一般人辛苦千百倍。名與利都不會是天上掉下來的禮物，如果沒有能耐，是無緣享受的，即便勉強得到，也會很快失去，與其惶恐、驚懼，晝夜不休的工作，不如平平實實、平平安安、平平淡淡過日子來得快活順心。

5 淡定是真誠的付出

二〇一一年台灣第48屆金馬獎電影頒獎典禮，香港《桃姐》影片榮獲最佳導演（許鞍華）、最佳男主角（劉德華）和最佳女主角（葉德嫻）三項大獎。息影多年的葉德嫻飾演女主角桃姐，一個十三歲便到梁家幫傭的女孩，工作了六十年，前後伺候四代的家庭；劉德華飾演男主角Roger，一位年輕的電影製片，從小就被桃姊照顧，兩人情同母子。電影故事是描寫桃姐年老中風住院，在老人院安養天年的生活點滴。Roger雖然工作很忙，但是仍然經常抽空去探望桃姐，別人問起他和桃姐的關係，他說是乾媽。一段主僕之間的故事，被導演非常樸實、真切的表現出來，充滿溫馨與溫暖，在現代功利社會裡，這樣的電影實在彌足珍貴。許導演平實而平順地講述一個十分平凡又現代的故事，沒有打打殺殺的血腥暴力，也沒有轟轟烈烈的纏綿愛情，或是驚心恐怖的鬼怪災難，令觀眾在心目中真真實實的體會到平凡簡單也可以是另一種幸福。

陳樹菊是台灣台東鄉下市場賣菜的小販，她平時省吃儉用，把賺到的錢，一元、十元的省下來，然後一百萬元、一百萬元無私的捐獻出去，救助孤兒、貧困兒童、捐獻圖書館。數十年如一日，所捐金額高達千萬元以上。她的義行不只得到台灣政府的表揚，更獲選《富士比》雜誌二〇一〇年亞洲慈善英雄人物、美國《時代》雜誌二〇一〇最具影響力時代百大人物及二〇一二年菲律賓「麥格塞塞獎」，「麥格塞塞獎」素有「亞洲諾貝爾獎」美譽，陳樹菊獲得此項殊榮之後，又把她的獎金全數捐給台東馬偕醫院。

陳樹菊女士只是一位平凡的賣菜阿嬤，每天凌晨兩、三點就要起床開始工作，一直忙到晚上七、八點才能休息。她一輩子辛苦工作的所得，毫無私心的捐獻給社會上的弱勢族群，在平凡中見其偉大。陳樹菊女士的偉大，不在於她捐了多少錢，而在於她的人生態度，她認為行善是她最大的快樂，每當她行善的時候，睡的特別安穩。她那充實而有光輝的生命，就像菩薩教化世人一樣，給台灣人民樹立了良好的榜樣。

兩岸開放交流以後，許許多多的大陸人民到台灣旅遊，最近有人在大陸的報紙發表文章，認為台灣最美的風景是人。是啊！人心的善良就是人間最美的風景。一顆平凡、單純、無私的愛心，是社會最珍貴的瑰寶。心中有愛，人人都是菩薩。很多人低調行善，我們要高調揚善，呼籲更多愛心和善心，幫助社會底層身陷貧病無助的人。不要把愛心儲放在冰箱冷凍起來，雖然我們的日子很平淡、生活很平實、命運很平凡，但是每個人都可以做一些不平凡的事，在平凡中顯出不平凡。不是每一個人都可以成為偉人，但是每一個人都可以成為好人。

平常心是道，平安是福，淡定的人不求大紅大紫，不願意大起大落，也很難接受大喜大悲。在以前資訊不夠發達的年代，沒有手機，電話也不方便，親友的聯繫就靠書信往返。有些親友很久失去消息，十分惦念，往往就藉「沒有消息就是好消息」來安慰自己。現在年事漸大，偶而聽到某某人病逝往生的消息，就會不勝唏噓，感嘆人生的無常。

偉大出自平凡，平凡孕育偉大。我們需要不平凡的設計師、建築師，我們也需要平凡的水泥工、木工；我們需要美侖美奐的觀光飯店，我們也需要平凡樸實的服務生、清潔人員。有三個工人正在砌一道牆，第一個工人認為自己只是在砌牆，第二個工人認為自己在建築一棟大樓，第三個工人認為自己在建設一座城市。同樣做一件事而可以有不同的心態，在平凡的工作中，一樣可以表現不平凡的精神。

平實是本分，平淡是智慧，平凡是福氣。真實的愛情並不是男女情侶整天暱在一起。激情只是短暫的歡愉，浪漫只是童話的情節，在長長久久的生活中，愛情昇華為親情，乾柴烈火的熱情轉為平常、平淡的體貼關懷。雖然不是公主與白馬王子的夢幻，卻是真真切切、甜甜蜜蜜的溫柔，沒有紅袖添香的綺麗，而有相濡以沫的至情至愛。情到濃處變得平實、平淡與平凡。

平實的人沒有嬌氣、媚氣，也沒有霸氣、傲氣，平實的人為官不擺譜，發財不擺闊，頂的住誘惑，耐得住寂寞。平實是一種清醒，一種徹悟，一種睿智，也是一種品質。平實與平淡、平凡相輔相成，能平實過生活的人一定能夠甘於平淡、平凡；能平淡過日子的人，也一定安於平凡、平實；能平凡看待生命的人，也必然是平實、平淡的人。所謂至人只是常，指的就是平實、平淡、平凡。

平實的生活雖然沒有波瀾壯闊、多采多姿，但是在平和穩健之中，自有一種幸福的感覺。平實的感動，才是真正的感動，不是虛驕、浮華，而是真切、自然。

淡定的人的處事風格，最大的特色就是平實自然，不會矯柔造作，不虛偽、不浮誇。平實並不是平庸，平實的人並不是庸庸碌碌、凡俗一生，而是有自己堅持的理念，要自己所要，不要自己所不要，相信平實的生活是對自己有益處的生活，所以不會受到別人的影響而輕易改變自己的理念。庸俗、低俗的人是不可與平實的人同日而語。

6 淡定是知止的修練

知止是一門研究人生如何出處、進退、行止的學問，知止也是研究一個人如何安身立命的學問，深諳此道，則在立身處世的各個層面都能悠遊自在，俯仰自得，否則進退失據，動輒得咎，則將痛苦不堪。

十多年來，在歐洲有不少國家的團體與人士提出「慢活」的主張，尤其是義大利有所謂的「慢活村」，從生活上、工作上，要放慢腳步，要慢食、慢動、慢療、慢性、慢工、慢閒、慢市，讓生活的步調、工作的步調，不要再像以前一樣急促、緊張、繁忙、雜亂，而能非常悠閒地享受生命的樂趣。不過，我們的老祖宗，早在孔子、老子的時代就已經提出這樣的觀念，只是名詞不同、說法不同而已。《大學》：「知止而后有定，定而后能靜，靜而后能安，安而后能慮，慮而后能得。」這是儒家的止學之說。《老子》第32章：「夫亦將知止，知止所以不殆。」又第44

章：「知足不辱，知止不殆。」這是道家的止學之說。知止是中國式的慢活哲學。

知止是人生最大的智慧。知止的涵義，不只有停止、禁止的意思，也有居止、止境的意思。談停止、禁止，是知止的消極意義；談居止、止境，是知止的積極意義。知止的消極意義，是提醒世人不能有太多的貪念，凡事要量力而為，適可而止。《老子》第46章：「禍莫大於不知足，咎莫大於欲得，故知足之足，常足矣。」就是這個意思。知止的積極意義，則是強調止字不是停滯不進，而是要保持一顆清明的心，知所進退，該進則進，該退則退。

知止才能專注，專注才能看到問題的核心，事情的緩急輕重，也才能講求工作效率，事半功倍，享受成功。

人生在世，一輩子辛辛苦苦，汲汲營營，到底求個什麼呢？人生有許多的誘惑，面對人生的種種誘惑，除非是修養很好的人，自制力很強，否則很難抗拒誘惑而不陷溺於情欲的追求。研究知止，第一層的意義，是要知其所止，知道人生是有限的。知止的第二層意義，是要止其所止。很多人都知道知止的重要性，可是卻不知道如何才能做到知止？即便知道如何做到知止，也未必能夠身體力行。知止的功夫，不只是知，貴在能行，要即知即行。知止還有第三層意思，就是止所不止。知止是該止才止，不該止就不止，不是一切的欲望都要禁止。

人天生就有情欲，情欲是人性的本能，只能寡欲、節欲，而不能絕欲；而且人的情欲，有好的情欲，有不好的情欲，好的情欲不只不要禁止，而且要鼓勵，譬如孟子所說的惻隱之心，就是悲憫之心，就是愛心，當然要努力標榜。

《大學》：「知止而后有定，定而后能靜，靜而后能安，安而后能慮，慮而后能得。」是一個人立身處世、為學做人，非常重要的人格修養。知止，表示人生有目標，有正確的目標，有宏大的理想。一個人有了明確的努力方向，內心才能安定下來，才不會三心兩意，腳踩兩條船，結果一事無成。

定不是不動，而是不妄動、不亂動。止學的修養，並不是叫人萬念俱滅，心如死灰，而是鼓勵人要專一心志，有定向、有定力，不要見異思遷，半途而廢。

靜有安靜、寧靜的意思。水靜則明，思靜則能直探本心。我們的內心要保持安靜祥和。以靜觀變，以靜制動，才能動靜得宜；我們在安靜的生活中，才能夠當家作主，作自己生命的主人。

人生如同一盤棋局，在縱橫交錯的人生大路，如何審慎的安排每一步棋，需要有深切的思慮。古人說：「人無遠慮，必有近憂。」不能走一步算一步，否則可能一步錯而全盤皆輸，一不小心失足而粉身碎骨。冷靜的頭腦，熱情的心，我們在處理私事或公務，都要深思熟慮，才不會出差錯。

一個人能夠知止，才能夠確立努力的目標；能夠確立努力的目標，才能使自己的志向堅定不移；志向堅定不移，才能冷靜沉著；能夠冷靜沉著，才能內心安定；能夠內心安定，才能縝密思慮；能夠縝密思慮，才能心想事成，得到成功。

所以，知止才能掌握人生方向，知止才能體認生命價值，知止才能追求生活品

味，知止才能求得身心安頓，知止才能擁有自由心靈，知止才能享受快樂自在，知止才能欣賞人生美景。

人生的困惑，往往來自對生命的不夠理解，不了解人生的意義與價值。人生百年到底我們要求什麼？能求什麼？該求什麼？如果我們沒有自知之明，不知所止，不能適可而止，就像開車的人而不懂得剎車，那是極為危險的事。

淡定的人是很有智慧的人，深得止學三昧，知其所止，也能止其所止，進而止止不止。有進有退，能進能退，做事不會莽撞，面對各種人生的誘惑，也能沉得住氣，不會迷失、墮落。人要做壞事，不是天生就會的，而是受到不良環境、不良朋友的影響。知止是很重要的人生修養，也是很難的人生修養，淡定的人學得知止的修練。

7 淡定是知足的信念

幸福快樂的生活，是人人所企求的，可是很多人活的並不快樂、不幸福。中國大陸八〇年代末期，人民幸福指數為百分之六十四，一九九一年提升到百分之七十三，一九九六年經濟繁榮了，人民的生活大幅改善，可是幸福指數卻下降為百分之六十八。可見人民幸福、不幸福與經濟的成長，沒有必然的關係，不是有錢就開心，沒錢就煩惱。當然，未必有錢就不開心，沒錢就沒煩惱。一個人開心、不開心，和有錢、沒錢很有關係，沒有一個餓肚子的人笑得出來。不過，如果一個人有錢而不知足，一定開心不起來，相反的，一個沒錢的人而能知足，一樣可以很開心。

當今的社會結構可以粗分為資產階級、中產階級和無產階級。在社會底層很多的勞工、農民、失業遊民，生活是很悲苦的，他們沒車、沒房、沒錢，也沒有競爭

力，雖然如此，大多數的人並沒有向命運低頭，他們默默地承擔生活的艱苦，甚至還能夠自得其樂，很平靜地在自己那個極為狹小的空間裡討生活。

我們所有人一生的努力，就是希望能過著無憂無慮、衣食不缺、富足康樂的生活。有一個漁夫悠閒的在海邊休息，遊客問他為什麼不去打魚工作？漁夫問遊客說：「為什麼要去打魚工作？」遊客說：「打到的魚可以賣錢呀！」漁夫說：「然後呢？」遊客說：「有錢可以買大船釣更多的魚。」漁夫說：「然後呢？」遊客說：「釣更多的魚，就可以賺更多的錢，就可以不再辛苦工作了。」漁夫說：「我現在不是已經沒有在辛苦工作了嗎？」人生常常是從起點出發，到了終點，又從終點回到起點。

有一對窮夫妻，雖然物質生活很貧困，每天卻很快樂的唱歌，歡樂的歌聲常常吵到隔壁的富翁。富翁很生氣，但又不知道該怎麼辦？富翁的朋友勸富翁給這對窮夫妻一筆錢，他們就不會再快樂地唱歌打擾富翁。果然這對窮夫妻得了這筆財富之後，兩人忙著商量如何使用這些錢？先生說要去旅遊、投資、置產，太太說要買珠寶、服飾、股票，吵了好幾天都沒有結論。夫妻兩人為了金錢爭執不休，非常煩惱，非常不快樂，當然沒有心情再唱歌了。最後他們決定把錢還給富翁，過自己平淡而幸福的生活，繼續快樂唱歌。

過年只是一天，日子是天天過。再有錢的人也不可能天天吃龍蝦鮑魚，不是有沒有錢吃得起的問題，而是腸胃受不了。有一次我在台灣師大附近的一家餐廳吃飯，正巧隔桌有某系師生聚餐，只見系主任面前擺了一碗麵，我走過去和那位系主任打招呼，然後很好奇地問他，為什麼滿桌子的佳餚不享用，只吃一碗清淡的麵？他回答說：學生經常請他在這家餐廳吃飯，每道菜都吃膩了，學生的盛情他又不能不參加，只好就簡單吃麵。滿桌子的佳餚，是很多人期待的美食，但對另一些人而言，則是甜蜜的負荷。

不是平淡就幸福，是要甘於平淡才能幸福。幸福不是指擁有什麼東西，而是指對所擁有的東西的感覺。一個很有錢的人如果為失去愛情、親情而很難過的時候，他是不會覺得幸福的；一個很有錢的人如果經常生病，他也是不會覺得幸福的。一個能夠珍惜自己所擁有的人，才是幸福的人。多半的人之所以不覺得幸福，是因為不珍惜自己所擁有的而耿耿於自己所失去的，或是所欠缺的東西。

老天是很公平的，不會把所有的好處都賞賜給某些人，每個人都得到一些，也失掉一些。長得漂亮的人不見得健康，健康的人不見得有錢，有錢的人不見得漂亮。有一個哥哥向他妹妹說，他要找的女朋友是年輕、漂亮、聰明、有錢、有能力又聽話，他妹妹回答說，哥哥如果真的能找到一位年輕、漂亮、有錢、有能力的女孩，那個聽話的人一定是哥哥。是啊！天下那有十全十美的人？「金無十足，人無十全。」古有明訓。

人到中年，圓了肚子，也圓了心胸。在我走過人生的風風雨雨、起起伏伏之後，我已感悟人生沒有非如何、非不如何的事。肚子餓了要吃東西，誰說一定要吃飯不能吃麵？誰說一定要十二點鐘吃午餐，不能十一點五十分或是十二點半？誰說一定要吃葷而不能吃素，或是一定要吃素而不能吃魚蝦？人生的煩苦，常常是自己綁住自己，人常常是自己給自己設定的規則卡住了。綁住自己的是自己，解脫自己的也是自己。要求愈少的人愈容易滿足，能夠知足的人才能幸福。

每個人的因緣不同，有的人愛吃雞鴨魚肉，有的人愛吃青菜豆腐，讓愛吃雞鴨魚肉的人有雞鴨魚肉可吃，愛吃青菜豆腐的人有青菜豆腐可吃，就天下太平了。天下所以擾攘不安，就是因為民心不安定，很多人連最基本的生活條件都不具備，而有很好生活條件的人仍然貪得無厭。

有能力過優渥生活的人，不必苛待自己，行有餘力則要多作公益善事，救濟孤苦無助；沒有能力過富足生活的人，則要安分守己，力爭上游，熱心助人。能夠幫助別人的方法，不只是財富而已，一句安慰的話、一句鼓勵的話、一句肯定的話，人人都可以是救人的菩薩。總之，做人做事，心安理得，問心無愧的人就是幸福的人。

8 淡定是捨得的智慧

人的一生是一捨一得的過程，從有意識開始，嬰兒餓了就會哭、不舒服就會鬧，開心就會笑，累了就會睡。小孩慢慢長大，欲望就會愈來愈多，希望漂亮、希望快樂、希望過好生活；到青少年、成年，開始追求愛情、工作、財富、社會地位。孔子自述：「五十而知天命。」孔子是聖人，到了五十歲才對生命有徹底的了悟，了解生命的意義與價值不只是利己，而且要利他，即所謂「己立立人，己達達人。」的道理。

欲望高高舉起，叫勇氣；欲望輕輕放下，是智慧。佛家講慈、悲、喜、捨是四無量心。心量有大小，把心量放大到無限，就是無量。慈、悲、喜、捨的心是人類最美的感情，也是世界和平的動力。慈是愛，悲是憫；愛是關懷，憫是同情。慈是給樂，悲是拔苦，佛陀的兩大心願，就是拔除人間煩苦和帶給眾生歡喜。喜是隨喜，捨是付出，歡喜付出，叫喜捨。有喜捨的心，才能提起，才能放下。天地無情，人間有愛，每當國內外發生重大災難的時候，無數善心人士出錢出力，慷慨解囊，傾力救助，令人感動。

捨有捨棄的意思，譬如清掃房子，把生活中不需要的東西或是多餘的廢物清理乾淨。很多人的住家和辦公室，雜物堆積如山，丟掉可惜，留著又沒用，因為捨不得，東西越堆越多，再大的空間也變得十分壅塞，生活品質大受影響。捨得割棄是美化環境很重要的一環，多餘的物品如果可以資源再利用，就轉送給有需要的人，否則就要下定決心清理淘汰、丟棄。只要捨得，居家、辦公環境，就能煥然一新。

不只物品的清理要捨得，擾人的心情、感情，也要捨得斷離，「當斷不斷，反受其亂。」真正讓人受苦的，往往不是外在的物質環境，而是內心的感情世界；一段段被遺棄的感情，諸多內心的糾葛，逐一減除放下，才能讓生活加分。如果不是最適合自己，不能讓自己感到愉快的經驗，要能夠毅然決然地從生活中拔除；與其看電視只是不斷轉台，不如離開客廳、臥室，轉換情境，讓自己的生活不再感到茫然。

捨，不只是捨棄的意思，另一個意義是付出。捨棄是丟掉生命中的多餘，付出則是不惜一切財富、權力、喜樂、最愛，乃至個人的生命，無私的施捨奉獻，利益眾生。人傷我痛，人苦我悲，為了悲苦大眾，無怨無悔的付出。

清朝光緒年間有武訓行乞興學的故事，近代中國大陸天津也有一位白芳禮老先生靠著一腳一腳踩蹬三輪車，存下三十五萬人民幣捐贈給天津的多所大學、中學、小學，並且資助了三百多名貧困學生。而他的個人生活幾近乞丐，他的私有財產帳單上是一個零。他堅守著自己心中的追求，就像戰士堅守著戰鬥的高地。他小時候家裡窮，沒有錢上學念書，他靠自己單薄的力量幫助許多的學童上學，他的捐助不求回報，他的幸福與快樂，來自他那一顆像太陽炙熱的心。

得是本事，捨是智慧。有捨有得，不捨不得，人能在難捨處能捨，才能在難得處能得。用心生活的當下，就不難激發生命的智慧。捨是得的另一個名字，捨得才能擁有更多。捨得貪念，擁有幸福；捨得嗔怒，擁有健康；捨得癡迷，擁有快樂；捨得財務，擁有尊敬；捨得權位，擁有自由。

人生的富有，不只是財物的富有，也包括感情的富有和精神的富有。感情的富有，指的是親情、友情與愛情的祥和、安樂、甜蜜；精神的富有，則指個人心裡的舒坦、愉悅、自在。金錢很可愛，但是金錢不是唯一的可愛，親情、友情與愛情，以及個人內心的平和安定，比金錢更重要、更可愛。因此，我們不只要發慈悲心，而且要歡喜行善。捨物是捐助財務，救濟貧困；不管是國內或是國外，婆娑三千世界，仍有許許多多孤苦無助的人等待救援。愛心沒有國界，各種慈善團體經常聯合勸募，廣結天下善士，共造菩提世界。

捨心，是放下執著、貪念、妄求。生命就是我們眼睛所見、耳朵所聽、身體所觸、意識所想的一切；其他動物每天只是吃、睡、遊戲、保護自己和繁衍生命，我們人類有思考，有心靈的思維，能追求內心的平靜。人生有各種的苦，包括生、老、病、死的苦，以及憂悲惱、怨憎會、恩愛別離、所欲不得。執著、貪念、妄

求，都是造成痛苦的根源，都要一一斷離，才能離苦得樂。

捨身是最難得，譬如消防人員在火災現場奮不顧身，英勇救人，又如一個人往生之後捐獻大體供作醫學研究。死有重於泰山，有輕如鴻毛。死並不難，處死為難，要能死得其時、死得其所，死得讓生命發揮最大的價值。所有熱心的義工、志工，捐出時間、精力，除了出力還出錢，甚至把自己的生命捐出來，精神非常偉大。

生命是一種禮物，我們要好好珍惜。不管是捨身或是捨物，都要從自性做起，是自發而不是被動，是無私的奉獻，不因為有利或是有害才勉強付出。捨心更是一種修持，有取捨就有生滅、聚散、起落，如何做正確的判斷要有很高的智慧。淡定就是捨得的智慧，能夠淡定才能捨得，捨得之後更能淡定。

9 淡定是生活的放下

「你今天淡定了嗎？」這是最近年輕人見面常說的話。今年網路流行一則男女青年朋友吵架鬧分手的故事，這對男女朋友在一家冷飲店裡，女生歇斯底里的又哭又鬧，男生則很淡定的坐在一旁喝他的紅茶。後來這名男生被取名為「淡定哥」，而這名女生被稱為「激動妹」。網路播出之後，電視新聞也專題報導，一夕之間飲料店的紅茶業績暴增五倍，賣淡定T恤的生意也好得不得了。學生要考試，告訴自己要淡定；政府油價、電價雙漲，老百姓也要學會淡定。

在今天的工商業社會裡，每個人的生活步調都非常緊張、忙碌，走在街上很少看見悠閒散步的，多半都是行色匆匆，趕著上班、上學、赴約會，或是搭車回家。都市之中，車多人多，尤其上下班時間，捷運、公車，幾乎擠爆了乘客。每一個乘客的臉上都是緊繃的，沒有一個人有歡笑，大家都很嚴肅。

很多人常抱怨，人在江湖，身不由己，責怪自己的工作、學業、生活，又忙又累。其實生活可以不必這麼苦，很多煩惱都是自找的。人生就像拍球一樣，用力越大，反彈越大。一個人放得開，就沒有罣礙難行的路；我們常常因為放不開，所以徒增許多煩惱與痛苦。少一點要求，放慢一點腳步，人生的壓力就不會那麼大、那麼多。

最近我應邀去參觀一家醫美公司，緊鄰隔壁的是一家進口日本電療法的診所，負責人姓曾，相談甚歡，他願意免費替我做一次診療，我客氣的說等下一次。曾先生說，機會難得，下一次不知要等什麼時候？是呀！人生難得，一轉身不知又是什麼時候？我並不主張很率性、很任性，而是要很隨性、很順性。我是不好意思丟下原先見面的朋友，所以放棄享受一個多小時的體內汙血去除養生。

人生難料，有人因為趕不上預定的班機，所以躲過一場空難的浩劫；也有人不小心路過某地，而被高處掉落的廣告看板擊成重傷。人算不如天斷，人生是計較不完的，太會算計的人，最後只會苦了自己。我們要很沉穩平靜地看待人生，有人辛苦一輩子的積蓄，買股票賠了錢，借錢被倒帳，子女不肖亂花錢……，賺得到，不一定花得到。日子要開心的過，不必跟自己過不去；電視劇的劇本常常描寫女人與女人的戰爭，有一句經典的對白：「女人何必為難女人。」其實，我們每個人不也經常為難自己嗎？

我所謂的為難自己，並不只是苛責自己，捨不得吃、喝、玩、樂；過分放縱自己，吃太多，喝太多，也是和自己的身體過不去，沉迷歡樂，通宵達旦，也是對健康有傷害。凡事偏了都不好，沒有飯吃的人笑不出來，吃太飽的人也很難過。

淡定的意義，不只是冷靜，最重要的是沉著。現代的社會，充斥著各種物質、情慾的誘惑，很多人面對五光十色的繽紛世界，不知不覺就會迷失、迷茫、迷惑，以至沉迷其中，難以自拔。我們不能自外於社會的生活，逃遁深山，不食人間煙火；雖然身處塵俗，仍然可以清心自愛，只要能夠保持淡定的心態，就能冷靜思考、靜心看待，了解什麼是自己需要的？什麼是自己不需要的？什麼是對自己有益的？什麼是對自己有害的？

人生貴在懂得取捨，要自己需要的，不要自己不需要的；要對自己有益的，不要對自己有害的。可是很多人卻不是很清楚什麼是自己需要的？什麼是對自己有益的？偏偏去追求自己不需要的、對自己有害的，所以痛苦、煩惱不已。

圓滿的人生，是清明的人生，是淡定的人生。如果一個人不能淡定，勢必在雜亂忙碌的生活中，脫軌、脫序，驚慌失措。我們常常看見有些人神情恍惚，精神耗弱，患有嚴重的憂鬱症、官能異常症，這是很危險的。藥物的治療，只能治標而不能治本，根本之計，要從自己的心理建設做起，解開內心千千百百個結，一旦豁然開朗，就可以不藥而癒。

很多人努力工作，很努力賺錢，也賺了很多錢，卻失去了健康，然後又花很多錢去看病、去恢復健康。既有今日，何必當初？人生的問題往往不是零與一的問題，我們應該要有智慧去折中、均衡，避免失調、失控。健康是人生最大的財富，命沒有了，什麼都是假的。健康與否，老天常常會給我們預告、警訊，等到病入膏肓才求診治，已經來不及了。

淡定的人很清楚什麼是人生最重要的事。沒有健康就沒有一切，名與利，親情、友情和愛情，都很重要，但是沒有比生命更重要。有健康的身體，才能有旺盛的事業；我們不是不求名、不求利，不要愛情與事業，而是要有節制，要能克制，不能為了求名、求利，追求愛情與事業，而失去強健的身體；也不能為了貪圖一時的口腹之欲，狂歡喜樂，而傷害寶貴的生命。

淡定的人很清楚人生百年而已，我們不能增加生命的長度，總有一天我們全部要放下。所以在日常生活中，該放下的就要放下，不能強求、不必強求。人生沒有什麼放不下的，放不下的人只是看不透的人。

10 淡定是情緒的放鬆

儘管生老病死是人生的常態，但是面對人生的無常、人生的多難、人生的短暫，仍然不禁令人無限的感慨和唏噓。杜甫詩：「人生七十古來稀。」現在醫藥發達，大家也注意到養生，每個人活到七十歲、八十歲，已是很正常的事，但是在歷史的長河裡，人生百年也不過是滄海一粟、白駒過隙而已。古人想要「秉燭夜遊」是有道理的，因為白天總是不夠用，晚上的時間也不應該浪費。

在短暫的生命中，人生有太多的無奈，百年大限的時候，多數的人總是遺憾還有很多心願未了。「如果如何，就能如何」，偏偏人算不如天斷，人生不如意事雖然不至於十之八、九，至少也是十之五、六吧！生命是很脆弱的，如果把人生比喻為一盒二〇〇張的面紙，我們知道總有一天會抽完，但是不確定那一天會抽完？佛家講人生有八大苦，沒有這個苦，就有別的苦，沒有一個人是笑著來到人世間，好像一出生就已經知道生命是多苦難、多艱澀。

既然生命是無常、多難、短暫的，我們何必為難自己、跟自己過不去？何不好好享受人生呢？我每天路過街上或是擠公車、搭捷運，每一個路人、乘客的臉，都是繃得緊緊的，很少看見笑容，大家都是急急忙忙趕著上班、上學、赴約會、回家休息。步履匆促，精神緊張。

有人說以前的時代是以大吃小，現在的時代不只以大吃小，而且是以快吃慢，誰的腳步慢，誰就落伍了。我當學生的時候，老師在我的畢業紀念冊題辭：「保持現狀，就是落伍。」我現在在學生畢業紀念冊寫：「進步少，就是落伍。」科技的發達日以千里，各行各業都在快速的變化，不只保持現狀才落伍，真的是進步少就落伍。

雖然生活是很嚴肅的，我們不妨輕鬆看待。因為工作壓力太繁重，生活壓力太緊張，已經產生許多嚴重的文明病，如高血壓、糖尿病、心肌梗塞、癌症、失眠、胃病、憂鬱、煩躁、脾氣不好……，真是不勝枚舉，不只影響生活品質，也影響身體健康，過勞死的病例，時有所聞。如果把人生比喻為一趟旅程，急著趕路就會提早下車。

日子再辛苦，總要熬下去。很多時候我們以為路已走到盡頭，其實是該轉彎的時候。路是人走出來的，人生的道路有平坦順遂的時候，也有崎嶇坎坷的時候。走過嚴冬，就能迎向陽春，重要的是要抱持一顆樂觀的心，豁達、寬厚的面對和接納各種人生的順境或逆境。以寬恕代替怨尤，以開朗代替鬱卒，以歡樂代替愁苦。苦難、挫敗是難免的，但是人生不止苦難、挫敗而已，成功與幸運也常會降臨在我們身上。

在緊張忙亂的生活裡，或是單調乏味的工作中，幽默是最好的調味品，就像是美食佳餚不能沒有調味料，美好的人生也不可以缺少幽默。面對苦難的人生，哈哈一笑也就過去了，人生是計較不完的，人生也沒什麼好計較的，我們空手來到這個世界，也是空手離開這個世界，向老天借的，最後全部都要還回去。

幽默是生命的養料，幽默是人生的美容聖品，也是最好的補品。有一個人去拔牙，醫生拔錯牙，「沒關係，買一送一。」有一個人去裝牙，給假鈔，因為他裝的是假牙。幽默表現在語言上，所以能夠逗人笑樂，是因為它常常出奇不意，給人意想不到的答案。一個推銷員上門推銷許多產品，主人都說不缺，推銷員問主人缺什麼？主人回答說：「缺錢」。一個人生病就要看醫生，針對很多心理的疾病，藥物只能改善病情，而不能根治。解鈴終需繫鈴人，自己的問題不能依賴別人來解決，終歸還是要自己勇敢面對、承擔。心病要靠心藥來醫，解決憂鬱、躁急、失眠、自律神經失調等等症狀，醫生常會勸病人平時要盡量放鬆心情，睡前聽一些柔和的音樂、泡澡、按摩、散步、靜坐，都對改善睡眠品質有幫助。

人的壓力，來源有很多方面，紓解壓力的方法，如果經濟條件許可，不妨暫時放下工作，離開家裡，出門渡假旅遊、購物、看電影、與家人或朋友餐敘唱歌、開車兜風、釣魚、登山、游泳、划船、打球、閱讀書籍，可以是動態的，也可以是靜態的，有錢有有錢的方法，沒錢有沒錢的方法，轉換環境就可以轉換心境。

淡定的人做事沉穩，心情平靜，主要是能夠放鬆心情，對人生有通達開朗的體悟。生活的壓力多半來自自己太多的欲望，降低對生活的需求，日子一樣過得去。要求少一點，煩惱少一點。淡定的人之所以能夠淡定，主要是因為他有自知之明，知道自己的優勢與劣勢，而且能夠節制。要求而不苛求，勉強而不逞強，有七分實力，只做五分的事。事從容則有餘韻，不求超越自己能力的事，就不會自討苦吃、自找煩惱。我們常常太愛面子，打臉充胖，表面風光而心裡痛苦。壓力減少了，心情就寬鬆了。

11 淡定是內在的清明

《大學》：「大學之道，在明明德，在親民，在止於至善。」「明明德」的意思，是把天生靈明的德性闡明出來。儒家思想主張每個人天生都有靈明的德性，這靈明的德性有時隱藏不見，有時被習染蒙蔽，所以儒家非常重視教育，要透過教育的功夫，自覺或他覺，把天生靈明的德性闡明出來。孟子主張人人都有四個善端，所謂「惻隱之心，仁之端也；羞惡之心，義之端也；辭讓之心，禮之端也；是非之心，智之端也。」同時認為「人之有是四端，猶其有四體也。」四體，就是四肢。四肢是人的形體很重要的部位，四端也是人心很重要的成分。孟子認為人所以不能行善，不是不能，而是不為。「今人乍見孺子將入於井，皆有怵惕惻隱之心。非所以內交於孺子之父母也，非所以邀譽於鄉黨朋友也，非惡其聲而然也。」我們看見一個小孩快要掉進井裡，都有悲憫不忍的心，急著要去救助。當下的表現，並不是

想得到孩子父母的感謝或是同鄉親友的讚美，純粹是一顆善良的心最直接的呈現。

孟子又說：「牛山之木嘗美矣，以其郊於大國也，斧斤伐之，可以為美乎？是其日夜之所息，雨露之所潤，非無萌蘖之生焉，牛羊又從而牧之，是以若彼濯濯也。人見其濯濯也，以為未嘗有材焉，此豈山之性也哉？」牛山在齊國的東南方，因為鄰近大城，人民方便前往砍伐樹木，所以本來長滿茂密樹林的牛山，長久被樵夫砍伐，就變得光禿；而長出的幼苗，又被牛羊當作吃食的牧草，也難能長大。一般人看見牛山光禿的樣子，以為牛山不曾長過樹木。我們看見一個人做了壞事，常以為他的本性不好，其實是因為後天的習染，受了壞的影響才做出壞事，沒有人天生會做壞事的。

佛家說人人都有佛性，但是為什麼不是人人都可以成佛呢？不是不修，就是修的還不夠。神秀和尚的詩：「身是菩提樹，心是明鏡台。時時勤拂拭，莫使惹塵埃。」玻璃蒙上一層灰塵，就不能很清楚的照人形影，人心也是如此；人心如果被情牽、被物累，就不能清明亮麗，就不能對事物有明確、正確的看法與判斷，而失去內心的清明。所以我們要「時時勤拂拭，莫使惹塵埃。」時時勤於修持，保持內心的清澈明亮，讓內心回到純真、自然、樸實的境界。

本性自足，只是人不知而已，我們要保持內心的覺醒。佛家講禪悟，禪就是覺；佛家的思想就是要自覺覺人、自悟悟人，以先知覺後知，以先覺覺後覺，一切教育的力量也都是如此。我們要在靜坐中覺醒，我們要在調息養氣中，讓心變得清明。學生上台演講，常常因為太緊張而忘了講稿，老師就會教學生上台前先深呼吸，把心平靜下來，才能沉著穩健的發表演說。還沒有準備好，就急急忙忙上台的人，沒有能夠把話說得很精彩的。

人心所以不能清明，主要是因為焦慮、煩憂、躁急等等情緒的困擾。禪修的目的，就是在觀照生命的細微律動，在一呼一吸之間體悟內心的平靜。每個人都必須找到自己心靈的家園，我們的內心常常失落、迷茫，就會徬徨猶豫，心情不定。孟子說：「學問之道無他，求其放心而已。」「求其放心」，就是把放散的心找回來。

心是人的主宰，我們的動心起念，常常要保持內心清明；而要保持內心的清明，先要講求內心的平靜、安定；內心平靜、安定，就不會被外在的事物給誘惑、迷亂而心情動搖。孟子說：「人有雞犬放則知求，有放心則不知求，惑矣！」家裡丟了雞、狗就會急著要找回來，心地迷失放逸了，卻不知道要找尋，真是人生的疑惑。

身心的健康是相連在一起的，身體健康的人，一定精神旺盛、心平氣和；身體不健康的人，一定精神虛弱、神情萎靡。內心的平靜，可以強化免疫力，減少生病的機會，而精神煩悶、很多苦惱的人，則會影響生活起居，影響身體的健康。為了獲得健康的身體，一定要保持內心的清明、平順。

內在的清明能夠療癒外在的負面表徵，當我們能夠清除內心的煩亂時，清明的力量就會自然湧現。

每個人的內心都是一座孤島，但是孤獨能夠帶來清明。人在最孤獨的時候，才是最清楚尋找內在力量的時候；人在最寂寞的時候，也是人最自足的時候。沒有人能夠在燈火酒綠的都市塵囂中，把持得住自己；人心的墮落，就是因為失去內心的清明。人生的最大陷阱，常常是無法拋棄各種的誘惑、貪念、執著。法鼓山聖嚴上人曾說：「心裡放不下別人，是沒有慈悲；心裡放不下自己，是沒有智慧。」就是這個意思。

「人生像茶包，如果不放入滾熱的開水，怎麼能發出獨特的香味？」茶葉蛋也要有裂痕才能入味。人生的苦難是難免的，我們都想要離苦得樂，但是常常缺少一念之轉，沒有清明開朗的心，不知道那些該提起？那些該放下？一方面抱著痛苦不放，一方面在叫痛。

心去轉境叫智慧，讓境轉心叫煩惱。如果我們不能放下對生命過多的要求，命運就會給我們重重的打擊。擺脫惡運最好的辦法，就是收拾雜念、妄念、貪念，時時自我惕勵、反省、覺察，從內心的深處，體悟生命的本質。

心地有時像一片乾旱的田，表面上寸草不生，黃土乾裂，但是挖深之後，就會逐漸發現濕潤，再到最深的地方，可能就會有泉水湧出。心地的清明，也不是說要清明就能清明，而是要能持久的修練，平常就保持淡定的思想，盡量追求簡單的生活，不要有太多的欲念、貪念。貪念會矇蔽內心的清明，我們想要控制的東西，有時會反過來控制我們的生命。

放下對事物的執著，才能回復內心的平和寧靜、清澈明亮。名利是一種選擇，念頭是自己製造的，很多煩惱的根源是我們自己。我們要用寧靜的心擁抱世界，把注意力集中在身體的感受，心情就能安定下來；時時刻刻保持內心的清明，就能啟發內心的智慧，獲得心靈的富貴。

12 淡定是心靈的平靜

做人求其心安而已，所謂心安，就是內心的平和安靜。擁有一顆平和安靜的心，是人生最大的幸福，可是因為時代的巨輪轉動的太快，沒有一個時代比現在變得這麼快、這麼多、這麼大，很多人沒有辦法跟上時代的變化，因此生活中充斥著緊張、忙碌、焦慮、恐懼與不安，內心不得安定，天天都很煩惱。頭痛、失眠、腸胃病、躁鬱症……，各種文明病層出不窮，高居死亡病因之首的癌症，也有不少病例是因為情緒不良引起的。如何才能享有平靜的生活、平靜的心靈，是現代人共同的願望。

因為工作太忙、太累，我們的內心就會失去平衡；因為各種物欲的誘惑太多，當欲望不能逐一滿足時，我們便心生煩惱。煩惱是心靈的大敵。企圖心是進步的動力，但是有太強烈企圖心的人，煩惱也比較多，得了百萬又想千萬，當了經理又想做總經理，欲望的溝壑很難填滿，不能知足就會很痛苦。加上很多人喜歡計較、比較，別人有的我們也要有，而且要比別人更多、更好。不管是金錢、地位、相貌以至豪宅、名車、子女的學業與事業，都要一爭勝負，比個高低。

人生的苦難，常常是自找的。煩惱會燃燒我們的生命力、活動力，煩惱會抑制內分泌，使新陳代謝失調、免疫系統減弱，使人容易生病。當我們心裡有煩惱的時候，就會覺得很疲累，好像要癱瘓一樣，對生命缺乏信心、缺乏興趣，尤有甚者，當壓力大到無法承擔時，還會有輕生的念頭，想要一了百了。自殺的人不是懦弱而是不夠堅強。

當然，人生的苦難，不全是自找的，老天喜歡跟我們開玩笑，而且是開很大的玩笑，令我們啼笑皆非，甚至付出傷痛。不管是先天或後天的災難，是老天開的玩笑或是自己惹的禍，都會讓我們內心不得平靜。心安就平安，我們卻常常不能心安。

內心平靜，心靈才能清明，所以如何才能找回內心的平靜，是很重要的課題。佛家講貪、嗔、痴為三毒，而稱戒、定、慧為三寶。我們要回歸心靈的平靜，就要從戒、定、慧下功夫。戒是戒律，不看不該看的事，不聽不該聽的話，不說不該說的話，不做不該做的事，即古人所說的：「非禮勿視，非禮勿聽，非禮勿言，非禮勿動。」佛光山星雲大師說：「心存好心，口說好話，手做好事，腳走好路。」則是從正面德行來思考。

定是指內心安定而不散亂。「止」、「觀」是佛教禪宗很重要的修持。「止」是心止於一處；「觀」是根據止的要求而思維觀照。能「止」、「觀」，才能入「定」。持戒、修定，才能有智慧；有了智慧，才能破除愚痴，獲得心靈的解放。只要我們能清心靜念，把心靈沉澱下來，我們就能明心見性，不生疑惑，而走出一條正確康莊大道。「心迷是凡夫，了悟是諸佛。」唯有將痴迷的心減少，化滅，才不會有貪婪之心、嗔恨之心。

內心平靜、知足，是快樂的泉源；離苦得樂，是人生的目標。人生的苦，如果是不可逃掉的，我們就心平氣和的坦然接受。遇到危機的時候，只要能夠冷靜沉著、臨危不亂，就能轉危為安，因禍得福。怕的是自找的麻煩，因為貪念、私心、執著而產生嫉妒、憤怒、憎恨、憂傷和無知，便要更大的努力才能克制。

人心有善與不善，慈、悲、喜、捨，耐心、毅力、忍辱、精進、了悟與智慧，是人心之善；貪、嗔、痴、憤怒、嫉妒、恐懼、憂慮、悲傷，是人心之不善。人心之不善會遏阻心靈的成長，當人心之不善的情緒表現出來，我們必須提高警覺，努力將其轉為善的念頭，而得到愛、平靜與喜悅。我們要培養能力解決自己的難關，放鬆心情；換個角度思考問題，我們將能發現人生的美好。

人生不應在急促和毫無休息中度過，心靈的平靜是快樂的必要條件。要如何才能獲得心靈的平靜呢？方式很多，譬如從宗教信仰中可以找到心靈的依託，而得到內心的平靜；其次，適度的運動可以增強體能，轉移情緒，重拾平靜。第三，閱讀是與智者為友，與智者為友，亦必智者。聰明的人能把別人的智慧化成自己生命的養料，從閱讀中我們可以激發思考，得到心靈的平靜。第四，欣賞藝術。不管是音樂、美術或是戲劇，當我們集中精神在藝術的欣賞時，就能把人從混亂的情緒中，逐漸沉澱、均衡。第五，與朋友談心。情緒如潮流，只能疏導而不能壓抑，心有鬱卒，如鯁在喉，不吐不快，朋友的安慰與鼓勵，是治理心病的良方。第六，自我反省。反省是把情緒冷靜下來，找出問題的癥結，用最少的代價得到最多的利益。

今天的時代，物質品質大幅提升，而精神的品質卻日益下降；社會不斷在進化，人心則不斷在退化。盲目追求物質享受，不會帶來真正的快樂，內心的安定才是人生真正的幸福。享有心靈的自由，才是人生最大的福氣。不好看的東西不要看，不好聽的東西不要聽，讓自己多接觸一些真善美的事物，是使心情平靜最好的方法。

每個生命都有很多缺口，我們要努力為生命的缺口找出口。當我們發現身邊很多的事物都亂糟糟的時候，不妨暫停腳步，平心靜氣的分析、理解，想清楚下一步該怎麼走？只有穩住自己，才不會走偏方向。淡定的人追求的就是心靈的安定、安靜。

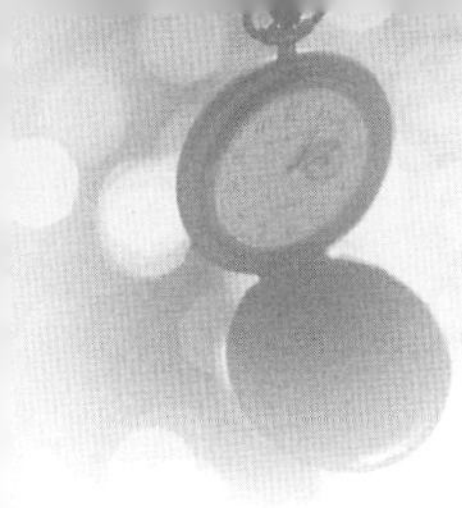

13 淡定是心情的鎮定

有一天中午，一位學生到我研究室，因為期中考成績考不好，怕期末考也考不好，被我當掉，心裡很緊張，找助理陪她來求情、關切。我明確的告訴她，我已在班上公開說過，不管期中考的成績如何，期末考及格，學期成績就會及格，現在離期末考還有兩個禮拜，我的考試範圍和方式也已公佈，只要努力就會有好成績，我不會為難她，但是我也絕不縱容、絕不放水。我如果放縱她，就是害了她，我希望她加緊努力，一定可以過關。

現在的年輕人就是生活太安逸，少了拼勁，總為自己的不努力找理由。失敗有一千、一百個理由，成功只有一個條件，就是努力。一勤天下無難事，學生到學校唸書，就是要學本事，假如學生不用功而沒有學到本事，光有一張文憑有什麼用呢？一個沒有競爭力的人，怎麼能夠適應現代的社會呢？

同事之間見面聊天，總是感嘆現在的學生太貪玩、外務太多，不夠用功，一到考試期間才很緊張、焦慮、不安。我告訴學生，如果被當，是被自己當，而不是被老師當。有些老師怕事，上課只管把自己的教學進度教完，不管學生的學習精神與態度，來不來上課都沒關係，上課不專心，聊天、睡覺、玩手機、看別的書，全部隨便。這樣的教學，不談教學品質，我是不苟同的。教學的工作不是把書教完，而是要把書教好；不只把書教好，還要把人教好。嚴師出高徒，自己有名是名師，學生有名才是良師。

這學期期中考之後，有一位學生上網跟我說，他的期中考成績很差，但是有同學作弊而成績很好，他很不服氣。我回答他說，考試作弊是不對的行為，但是不能以別人做錯而掩飾自己不用功、考不好。天下事對就是對，錯就是錯，對的事應該做，不對的事不應該做，不能因為別人做錯的事，自己也去做錯的事，我們要堅持是非、善惡的原則。

鎮定的心情，來自內心的堅決原則。一個人立身處世能夠秉持正道而行，就能心安理得，有條不紊，十分鎮定。心有所主則不惑，心有所主則不亂。一般人因為內心拿不定主意，三心二意，心情就不會鎮定。

心情不會鎮定，有時也因為內心不通達。路是人走出來的，沒有走不通的路，只有想不通的人。一個腦筋很死板的人，拘泥、固執、不知變通，遇到任何困難、挫折，不是硬闖、硬碰，撞的傷痕累累，就是輕言放棄、不求上進，沒有出息。有些人是不自量力，給自己太多的期許；有些人則是缺少鬥志、缺少勇氣，稍微受到打擊，就一蹶不振。

心情不能鎮定，有時則是太在意別人的意見。人是為自己而活，人要自己能快樂，才有能力幫助別人快樂；自己都活不下去了，那有能力去拉人一把、救助別人？別人的意見，我們應該尊重、參考，但是別人終隔一層，只有自己才明白自己的需求與能力。自己是自己命運的主宰，自己才能為自己的前途做決策。

一對父子騎著一隻驢子，路人見了，批評說驢子那麼瘦小，父子一起騎在牠身上，太不人道了；父親下來走路，兒子騎在驢背，又有路人說，兒子不孝，讓年老的父親走路；改換父親騎驢，兒子走路，另外的路人說父親不仁慈，自己騎驢享受，讓弱小的兒子走路。最後，父子一起扛著驢子走路，又有路人說他們父子倆真傻，擺著現成的驢子不騎。總之，不管我們怎麼做事，別人都會有意見。一個有主見的人，只要站得正、行得穩，自然就有安定的心情，不會顧此失彼，不知所措。

很多人心情很亂、心情很煩，主要是因為內心有太多的罣礙、顧慮，放不下來。解決之道，當然首先要找出原因在那裡？如果是能解決的問題，就不必煩惱了；如果是不能解決的問題，煩惱也沒用。面對不能解決的問題，我們只能逆來順受。不能改變環境，就改變心境；不能改變事情，就改變心情。我們做能做的事，做不到的事，就丟給老天吧！

每個人都有自己的想法與作法，我們不能改變別人的作法，卻可以改變自己的想法。我們的想法有樂觀的，也有悲觀的；樂觀的想法帶給我們希望、快樂，悲觀的想法帶給我們失望、痛苦。我們要想擁有穩定的心情，當然是要朝著樂觀的想

法，而不是悲觀的想法。樂觀的人懂得寬恕、原諒，悲觀的人則是抱怨、記仇。人與人之間難免會有一些誤會、爭執、委屈、傷害。原諒是解脫，寬恕是美德。一個能夠原諒、寬恕別人或自己的錯的人，才能及早走出悲痛、怨怒、傷痕，而得到心情的鎮定。

淡定是心情的鎮定，臨危不亂，臨事不懼，才是能夠成就大事業的人；遇到事情不可以慌亂、緊張、不知所措，否則就沒有辦法得到心情的鎮定；心情不能鎮定，就不能仔細思考問題、解決問題。沒有定見與定力，就不會有美麗、快樂的心情。

14 淡定是身心的安頓

人生難料，人的一生從出生到老死，有的人從未踏出家鄉一步，有的人則浪跡四海，到處漂泊，從這個城市轉到另一個城市，從這個國家轉到另一個國家。人在漂泊，心也在漂泊，一顆不安定的心，尋尋覓覓，常常找不到歸處？就像在茫茫大海上漂泊的船隻，焦慮的尋找可以靠岸的港灣。

人心有了歸宿，就不必再漂泊。問題是時代在變、社會在變，人心是不是也會跟著變？人生的覺察，是一悟就通了嗎？或者是一直處在迷悟之間，悟了又迷，迷了再悟，不斷的反思，直到老死。

人在漂泊，如果心有歸宿，再苦、再累也會欣然，而假定心像遊魂一樣，茫然無助，人再怎麼歡顏快樂，應該都是假裝出來的。人的內心有時像一隻被囚禁的鳥，不能自由飛翔；有時則像漂泊在時間長河裡的船，不知道下一站在哪裡？莫明的惆悵之情，油然而生。

一個人如果能夠找到一個可以依靠的港灣，心就不必再漂泊。蘇東坡的名句：「我心安處是吾鄉。」內心的安頓，就是人生的目標。很多人面對緊張忙碌的現代社會，跟不上時代快速的腳步，內心惶恐不安，加上物欲橫流，人性貪婪，當各種欲望不能逐一滿足時，便心生痛苦。緊張、憂鬱、躁急、頭痛、失眠、高血壓、腸胃炎……，各種疾病纏身，年紀輕輕的青、壯年，不到五十歲就已油盡燈枯。

身心的安頓，要先從淡定做起。內心淡定，才能內心平安；內心平安，才能身體平安，心安就平安。每一分、每一秒，都是生命的一部分，我們的內心每一刻都平靜，我們的一生就都平靜。人生最重要的是要能掌握每一刻的生命，積極活在當下，專注於當下的生活。不怕事忙，只怕心煩，工作再忙也要保持一顆平靜的心。生活有方向、有目標、有重點，內心就很篤定而不會慌亂，心靈就能保持和諧安定。

其次，我們要學習從逆境中淬煉生命的智慧與力量。宇宙萬物是變動不羈的，人生的道路不會一直平坦易行，遇到崎嶇難行的路，我們除了謹慎小心之外，也要能以坦然的心逆來順受。

苦難是老天給我們的考驗，一個人由平凡到偉大，一定要經過多次苦難的洗禮，沒有經過寒冷的冬天，怎麼能夠看到春天的美景？生命最艱苦的歲月，令我們成長最多。幸運是運氣，不幸是福氣。沒有吃過苦的人，不能體會人生的甜美，苦難是老天的恩典，人要藉由苦難成長、成熟。

苦難與人俱生，我們要勇敢以對。沒有吃過苦的人，不知天高地厚，吃過苦的人，生命才深刻。苦難是老天給我們修行的機會，一個人的偉大，來自他承受苦難的能力。婆娑世界，苦難偏多。苦難的多少，因人而異，有人欠百萬、千萬，有人只欠三千、五千。我們不知道老天要我們承擔多少的苦難，我們唯一能做的是提升承擔苦難的能力。越辛苦的人生越精彩，越困難的事業越壯麗。困難像條河，游過去，它就在你後面；苦難像座山，爬上山頂，它就在你腳下。

受苦是生命的真理，生命要經過碰撞才能發出燦爛的火花，但是在碰撞的過程中，身心難免都會受傷。苦難是一所學校，只有意志堅強的人才能畢業；只要心挺得住，憂傷總會過去。告別痛苦，全靠自己的決心。苦難對堅強者是磨練，而對懦弱者則是磨難，苦難並不可怕，可怕的是那顆害怕的心。

放大美好，就能縮小痛苦；身心安頓，就能遠離煩惱。讓身心回歸最單純的狀態，我們不能使工作單純，也要使生活單純、思想單純。過去是雜念，未來是妄想，只能積極活在當下。過去的歲月已成灰燼，未來的日子還是薪材，只有今天、現在，才是熊熊烈火。不妄求則心安，不妄作則身安。

追求身心的安頓，貴能身心調適、放鬆。以禪定安頓身心，以般若啟發無明，以持戒、忍辱、精進，為進德修業的功夫。心平氣和才能長養智慧，止於至善；心浮氣躁，只會蒙蔽靈台，邁向無明。懂得因果，讓我們勇於面對挫敗；體會因緣，讓我們活得歡喜自在。

法鼓山聖嚴法師曾說：「我們常說人生不如意事十常八、九，那麼遇到不如意的事，不正如我們所意嗎？以不如意為如意，人生還有什麼不如意？」我們能夠以逆為順，那麼遇到順境，更能如魚得水了。

能淡定才能安頓。內心不亂才能專心做事，做任何事沒有不專心而能成功的。人要常常檢視自己的生命，面對時代的變局，我們不能自亂腳步，要堅持自己應走的路。身要離欲，才會自在；心要清明，才會見性。

《金剛經》：「一切有為法，如夢幻泡影，如露亦如電，應作如是觀。」宇宙生命的本質，曾如《金剛經》所說：「如夢幻泡影」，都是虛幻的、不真實的，都是不長久的，都是變化不定的。我們努力追求的欲望，未必是我們想要的、需要的；我們所在意的快樂與痛苦，也都只是相對的理念，而且快樂會過去，痛苦也會過去。儒家安身立命的修養，就是要求得一顆安定的心，追求身心的安頓以及自由的心靈。身心不能安頓，就會產生很多的疾病，息心就是息災。身心平衡才能安頓，身心自主才能安頓，身心平和才能安頓，身心的安頓必須先做到淡定的功夫。

15 淡定是從容的情懷

東晉陶淵明〈飲酒詩〉：「採菊東籬下，悠然見南山。」的名句，傳誦千古。陶淵明是個很可愛的人，家貧，為彭澤縣縣令八十六天，因為不願為五斗米折腰，就掛冠而去，賦〈歸去來辭〉。朋友到他家喝酒，如果是他先喝醉，便對客人說：「我醉欲眠，卿可去。」率真的個性，由此可見。生命的從容，就是自己可以決定自己要什麼？不要什麼？在事情與事情之間，找到自己的空間。人之所以活得很辛苦，是因為人常常不是為自己而活，而是為別人而活，人除了做自己想做的事，還要顧慮別人的想法和意見，而且一個人要扮演很多角色，所以很累。陶淵明想做官就做官，不想做官就不做官，在家飲酒，可以「悠然」見南山，真是很愜意的事，令人羨慕不已。

王維是盛唐的詩人，他的五言絕句，常能在短短二十字中表現出一幅意境幽絕的圖畫，令人悠然神往，蘇軾讚美說：「味摩詰之詩，詩中有畫；觀摩詰之畫，畫中有詩。」如〈鹿柴〉：「空山不見人，但聞人語響。返景入深林，復照青苔上。」又如〈辛夷塢〉：「木末芙蓉花，山中發紅萼。澗戶寂無人，紛紛開且落。」花開花落，十分自在。我也很喜歡他的〈終南別業〉一首五律，「中歲頗好道，晚家南山陲。興來每獨往，勝事空自知。行到水窮處，坐看雲起時。偶然值林叟，談笑無還期。」「行到水窮處，坐看雲起時。」二句，頗富禪機，就像蟬蛻塵埃之中，蜉蝣天地之外，不食人間煙火，超然世俗，從容自得。

我們現代人每天都活得很匆忙、很緊張、很疲憊，很多人像有三頭六臂，身兼數職，尤其社會地位愈高的人，兼的職務愈多。其實，我們可以不必活的那麼累？琴弦綳太緊是會斷的，氣球充太飽是會爆的。

享受人生的閒趣，只有兩個條件，一是不急，二是無求。為休閒而休閒，急著把休閒當成一件工作去完成，很少能夠得到休閒的樂趣。我們常看到有些人參加各項旅遊活動，行程排的非常緊湊，好像玩了很多地方，但都只是走馬看花，得不到

很深刻的印象，還不如選一個景色怡人的地方，好好休息幾天，來得悠閒自在。

生活不只是物質的堆積，悠閒的心情才能識得生活的樂趣。「事從容則有餘韻，人從容則有餘年。」從容不迫，不慌不忙，才能悠然自得享受人生的風景。瑞士阿爾卑斯山的山腰有一塊木牌，寫著：「慢慢走呀！好好欣賞。」我們都是行色匆匆，所以體會不到生活中深層的美味。有一位資深的醫生告訴他的女兒，人生不要太匆忙，否則會提早下車。人是稟氣而生，養生之道，貴在調息養氣，順應自然。氣能順、能暢、能旺、能盛，就會是一個健康的人。

工作愈忙，心情愈要輕鬆；環境愈亂，心情愈要鎮定。如何才能享受從容自在的生活呢？首先，要能放下包袱，放慢腳步。扛著沉重的包袱，怎麼能夠輕鬆以行呢？處在今天的工商業社會裡，時代的巨輪轉動的特別快，每個人的腳步也跟著快起來；以前的社會是以大吃小，現今的社會是以快吃慢，大家都在比速度，所以人人都很緊張、急躁而快樂不起來。放慢腳步才能冷靜思考，才能享受閒趣。

第二，不求完美。從容的相反詞是急切，急切的人急著把事情做完、做好。事情是永遠做不完的，今天的落葉不管清掃得如何乾淨，明天依然會有落葉。

第三，學習說不。很多人對別人的請求，不好意思說不，於是工作愈來愈多，生活愈來愈忙，忙得沒有自己的時間與空間。助人為善是好事，但要量力而為，為了幫助別人而累壞自己，是值得商榷的。

第四，簡化生活。生活簡單就不會有太多的要求，一餐飯作二道菜和一餐飯作四道菜，少了二道菜，就少忙一些，就可以從容一些。沒有太多物欲的追求，就不必太辛苦工作賺錢。

第五，工作規律。物有本末，事有始終，一個做事講求效率的人，一定很會規畫工作與生活，注意到事情的緩急、先後、輕重、本末，不會本末倒置，不會急其所緩而緩其所急，而且再忙也能抽空休息，懂得利用時間，自己輕鬆一下。

第六，充分休息。休息是為了能走更長的路。壓力的大小，往往不在壓力本

身，而是壓力持續的時間，壓力持續愈久，壓力愈大。如果壓力是不可避免的，也要學習暫時放下壓力或是暫時減輕一些壓力，否則壓力大到一個人無法承擔的時候就會崩潰。

從容的人處理事情有條不紊，游刃有餘。「閒人心多不閒，心閒不必有閒人。」沒事的人整天胡思亂想，內心往往閒不下來；忙的人如果做事條理井然，也還能夠忙裡偷閒。

生活是一種享受或是一種責任，見仁見智。我認為生活是一種責任，但是生活不能夠只是一種責任，也要是一種享受。生活如果只是一種責任，那是很苦的事，人生要能苦中求樂。沒有苦就不知道樂的可貴，當然人生也不應該只是享樂而已。

人生的享樂，不全是來自物質，精神上的愉悅自足，才是人生最大的滿足。從容才能自得，從容才能自在。從容是洗盡繁華，反璞歸真，「繁華落盡見真淳」，在從容的生活中，才能感受自然的脈動，才能傾聽自然的呼吸。從容的人就是淡定

的人，坦然自得，淡泊名利，放下世俗金錢與地位的追逐，而珍惜人與人之間的感情，因為那是人生最珍貴的財富。

16 淡定是優雅的舉止

一個淡定的人，凡事從容不迫、悠然自得，充分展現優雅的舉止。優雅的舉止是一種迷人的風采，也是一種高貴的風範。淡定的人在優雅的舉止中，一舉手，一投足，落落大方，散發個人獨特的魅力，眉睫之間充滿自信、自得、自在。

俗話說：「美麗的相貌和優雅的風度，是一封長效的推荐信。」我們去應徵工作，常常要請老師、長輩、社會賢達替我們寫推荐信，獎掖提攜。其實，應徵工作最有效的推荐信，就是自己。一個人的相貌、氣質、風度、學養、能力、品德、人際關係等等，是老闆用人與否最重要的考量，大人物的推荐信僅供參考而已。不是每個人都長得漂亮，但是毫無疑問，長得漂亮的人佔優勢。不過，長得不漂亮的人也不必氣餒，因為人生的帳是算總帳，是各種條件加加減減的總和。長相是天生的，無法改變，可是我們可以從其他方面去加強，提升能力，充實學養及良好人緣之外，優雅的氣質與風度，有時比美麗的相貌還更重要。

具有優雅的氣質與風度者，不管是男士或是女士，都會是令人著迷崇拜的偶像，沉靜、典雅、高貴、不俗氣，呈現優美高雅的品味與特色。在性情上柔和安靜，不慌不亂，臨危不懼，看重自己，尊重他人，虛心謙遜，不亂發脾氣。

一個高貴優雅的人，不一定要有錢，不一定要有豪宅、名車、珠寶陪襯，最重要的是要有不凡的氣質。一個不凡氣質的人，不管是仕紳、貴婦、俊男、淑女，即使沒有華麗的服飾，只是淡雅的裝扮，一樣令人仰慕、迷戀。

高貴優雅的人，具有以下幾個人格特質：第一，個性溫和。一個淡定的人，個性不溫不火，很少發脾氣，不會與人爭吵，說話、做事都很小心，能夠虛心接受批評，時常面帶微笑，親切友善，樂於助人，不會爭強好勝，不會給人很強勢的感覺。這種人不會孤僻，很容易與人相處，是屬於「君子之交淡如水」一型的人，而不是「小人之交甜如蜜」一型的人。

第二，行事從容。淡定的人行事從容，卻又積極果斷，不會拖泥帶水，凡事按部就班，有條不紊，能夠掌握本末、先後、緩急、輕重，「泰山崩於前而面色不改」，身、心、靈都能得到均衡，表現出非常優雅的氣質。這種人冷靜而不是冷漠，冷漠是對人與事的不關心，冷靜則是處理事情的沉著。這種人熱情而不是激情，熱情是對人與事的關懷，激情則是激烈情感的表現。

第三，態度樂觀。淡定的人所以能夠淡定，是因為態度樂觀。樂觀是一種對未來充滿信心與希望的人生態度。樂觀使人充滿活力、熱情、積極、奮發。因為相信明天會更好，所以今天願意吃苦耐勞，努力奮鬥。一場明知會打輸的球，怎麼還會有堅強的意志全力以赴呢？任何事情都有正反兩面，有時甚至還可以細分到很多層面，態度樂觀的人凡事都會看到光明的一面，態度悲觀的人則是只看到黑暗的一面。非洲人不穿鞋，樂觀的人說非洲的鞋市場很大，前景看好；悲觀的人說非洲沒有鞋市場，前景看衰。樂觀的人看到問題後面的機會，悲觀的人看到機會前面的問題；樂觀的人把握機會、創造機會，悲觀的人等待機會、錯失機會。樂觀的人面對人生，有勇氣去改變能改變的事，有胸懷去接受不能改變的事，悲觀的人正好相反。孔子說：「君子坦蕩蕩，小人長戚戚。」君子處理事情逆來順受，盡人事而後聽天命，所以能夠坦蕩蕩，光明磊落。小人患得患失，悲觀自責，怨天尤人，所以心中常常憂戚不安。

醫學證明，態度樂觀的人比較長壽，因為與樂觀的人相比，悲觀的人比較容易表現衰弱的氣象，心理的因素會影響到生理的現象。樂觀的人充滿活力、朝氣，年輕不在於年齡而在於心態。

第四，心胸開朗。淡定的人胸有成竹，為人處事都很有信心，因此心胸開朗，不受環境的限制而被侷限在一個小框架裡。心胸開朗的人，眼界開闊，心胸廣大。心胸開朗的人同時也會是態度樂觀的人。一個人的心有多寬，他的世界就有多寬。法國小說家雨果說：「世界上最浩瀚的是海洋，比海洋更浩瀚的是天空，比天空更浩瀚的是人的心靈。」海納百川，有容乃大，同樣的，胸懷博大才能了解宇宙變化的定律，而能與天地合其德。洞明世事，練達人情，提得起，放得下。

心胸開朗的人是有智慧的人，因為他能明白「處事讓一步為高，待人寬一分是福。」的道理，凡事謙讓不爭，由於不與人爭，所以也沒有人會和他相爭。這種人處事圓融，不計較得失，大肚能容，快樂自在。戰國時代，藺相如奉命攜和氏璧赴秦，臨危不懼，完璧歸趙，被趙王封為上卿，老將廉頗自恃功高，十分不服。藺相如相忍為國，謙和禮讓，不與爭鬥，廉頗得知之後，負荊請罪，將相和睦，傳為美談。

第五，人格獨立。淡定的人舉止優雅，有自己獨立的人格，不是牆頭草兩頭倒，不會盲目趕時髦、追潮流，但是也不會標新立異、譁眾取寵，因為淡定的人做事穩健，腳踏實地，不愛出風頭。人格獨立並不意味獨來獨往的獨行俠，而是有自己獨立的風格與特色，在人際關係上，不會過分的依賴，卻也不會不與別人互動、合作。

人格獨立所呈現的特色，是獨立思考的能力與習慣。一個有獨立思考能力的人，才能當家作主，做自己生命的主人，這樣的人才能得到別人的敬重，也才能夠快樂做自己。一個活在別人陰影裡的人，永遠見不到自己生命的陽光。

17 淡定是坦然的態度

淡定是坦然的態度。何謂坦然？簡單的說，就是內心平靜，沒有顧忌。一個人只有在心安理得、問心無愧的時候，才能坦然自在，不惑、不憂、不懼。孔子說：「知（智）者不惑，仁者不憂，勇者不懼。」智者何以不惑？智者灼見事理，對天下的事物都能有明確的看法，能夠分辨是非、善惡、得失、禍福，以為做人處事的原理、原則，所以不會有疑惑。仁者何以不憂？仁者寬大為懷，宅心仁厚，善待別人，就算被人欺侮、佔了便宜，也不會斤斤計較，與人為敵，所以不會有憂慮。勇者為什麼不懼呢？勇者見義勇為，當仁不讓，一夫當關，萬夫莫敵，雖千萬人吾往矣！義無反顧，勇往直前，所以不會有懼怕。

人生有智慧，生命就不會有無力感。俗話說：「做事難，做人更難。」其實，做人並不難。淡定的人因為對人生有圓融的智慧，做人做事該怎麼樣就該怎麼樣，不該怎麼樣就不要怎麼樣，不會驕矜自滿、氣勢凌人，而會委婉和諧、平易近人，能夠欣賞別人的優點，也能接納別人的缺點。

淡定的人有仁者的胸懷，就算被佔了便宜，也不會太計較，了解天下事本來就有得有失，得失互見。何況人生是計較不完的，太多的計較只是跟自己過不去，自尋煩惱。人生已經有很多煩惱的事，不必再沒事找事，給自己增添麻煩。

淡定的人雖然看起來是與世無爭，對個人的得與失、禍與福，不是很在意，但是對於應該做的事，仍然是擇善固執，奮勇向前。淡定的人並不是對人生失望、失落，只是不願意激進、躁進，凡事順其自然，而對於行善，卻能熱心奉獻，無怨無悔。

淡定的人坦然面對生死。淡定的人對人生有豁達的觀照，了解一個人活在這個世上，只有使用權而沒有所有權，我們向老天借的身體，遲早都要還回去，而且我們如果把人生當成一趟旅行，我們只買單程票而沒有買來回票，我們的親戚、朋友、父母、夫妻、兒女、同事、長官、部屬，都是有緣一起同坐一個班車的人。有人早上車，有人晚上車，有人和我們同時上車；早上車的人未必早下車，晚上車的人未必晚下車；同時上車的人，未必同時下車。如果把我們上車的地方，當作生命的起站，下車的地方當生命的終點站，和我們同車的人，有的相聚的時間長，有的相聚的時間短。有聚有散，聚散無常。

人的生死，只是一個自然現象。人生百年，我們可以好好玩幾回生命遊戲。老天都給每個人一些生命遊戲的籌碼，大部分的人能夠非常珍惜，慢慢的玩；有些人則十分揮霍，很快就把籌碼玩完。如果把人生比喻為一盒二〇〇張的衛生紙，一天抽一張就可以用二〇〇天；一天抽二張，就只能用一〇〇天；一天抽四張，就只能用五十天。老天給我們生命遊戲籌碼都差不多，我們要好好珍惜。

雖然人生早晚都要走到盡頭，但是有生之年，我們可以做很多有意義的事。淡定的人只是淡然面對生死，並沒有放棄生命存在的時候可以做的夢、可以圓的夢。正因為人生苦難，淡定的人不會匆匆路過，忽略身邊的風景；相反的，淡定的人非常平穩踏實、優雅自得的享受生命的無常。

淡定的人坦然面對得失。人生如潮水，潮水有漲有跌，人生也是有得有失，淡定的人能夠用超然的態度看待得失的問題。近人馬寅初說：「得意淡然，失意坦然。」不管是得意或失意，都能用平常心去面對，所謂「得意事來，平淡視之；失意事來，平淡視之。」

為什麼得意的事、失意的事都要用平常心去面對？因為有高峯就會有深谷，得與失是相對而不是絕對，何況小得之後也許有大失，小失之後也許有大得。人生的得與失，都是很難算計得到，不必高興太早，也不必哀傷太早。

淡定的人也坦然面對禍福、成敗。因為淡定的人非常清楚所謂禍福成敗，也像得失一樣，互為因果，相輔相成。既然禍福、成敗也與得失一樣，是相對的而不是絕對的，淡定的人就不會太執著、太拘泥於得失、禍福、成敗了。

一次的成功，不會是一輩子的成功；一次的失敗，也不會是一輩子的失敗。人生是永不止息的奮鬥過程，我們不能緊抱著小學時候的獎狀，一輩子沾沾自喜，我們也不能因為一次的考試失利或是情場失敗，就灰心喪志，一蹶不振。

人生沒有過不去的事情，只有過不去的心情。只要心不死，人永遠活著，面對任何的挫敗，不能放棄對生命的希望。淡定的人沉穩而有信心，一步一腳印，人在冬天而心存春天。天黑到最黑就會開始亮，天一定會亮。淡定的人就算處在逆境之中，也能非常肯定可以逆中求勝。

淡定的人坦然面對自己、面對別人。人字一長一短，每個人都有一些長處也有一些短處，淡定的人通情達理，不管是對待自己或是對待別人，都不會太嚴苛，一方面能夠善待自己，一方面能夠寬待別人。

蘇轍〈快哉亭記〉一文：「士生於世，使其中不自得，將何適而非病？使其中坦然不以物傷性，將何適而非快？」內心的坦然是快樂的重要條件，能夠內心坦然，才能豁達開朗，當家作主，不受外物的驚擾。

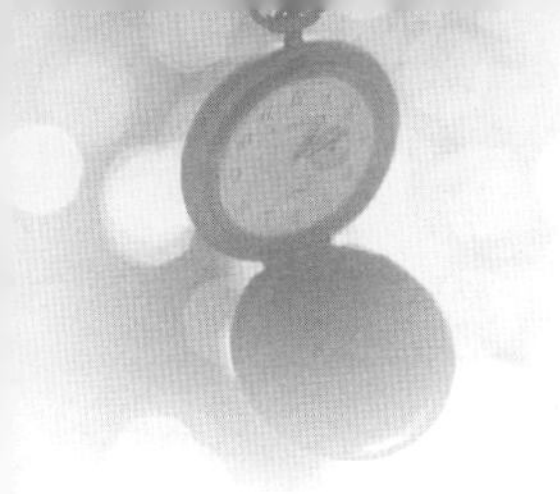

人生最重要的是要能夠坦然面對自己、面對別人，面對得失、禍福、成敗、生死等關卡。坦然的態度是淡定之人的特質之一，不管是別人的讚美或毀謗、鼓勵或批評，都能坦然以對的人，必然是智者、仁者、勇者。

18 淡定是超然的涵養

不是路已走到盡頭，而是該轉彎的時候

北宋才子蘇軾自幼熟讀經史，文思泉湧，心懷壯志，二十二歲進士及第，雖然多次在朝為官，卻常因鋒芒太露，豪邁之氣不能自掩，得罪於人，屢遭貶謫。西元一〇七四年（宋神宗熙寧七年）由杭州通判調任密州（今山東省諸城縣）知府，第二年將密州北城樓臺重新整修，經常和僚屬朋友登臨遊玩，蘇軾作〈超然臺記〉述作此台之原委，並闡發自己超然物外的人生觀。這是一篇千古佳作，表現他自己自拔於現實悲苦之外而不減其樂，處逆境之中仍然保有高曠的情操。

何謂超然？簡單的說，就是超越、跳脫於當前的現實生活，不為眼前的人、事、物所羈束，而從另外一個角度看待眼前的人、事、物。人在局中而能跳開到局外來看待，就會有一種客觀、理性的觀點，沒有得失、沒有利害的關係，就像美的欣賞，充滿美感、愉快的經驗。

任何一件事物本來就不是只有一個面向，至少有兩個面向，也許還有更多的面向。瞎子摸象，摸到尾巴，說是繩子；摸到肚子，說是牆壁；摸到大腿，說是柱子。蘇軾〈超然臺記〉一起筆便說：「凡物皆有可觀，苟有可觀，皆有可樂，非必怪奇偉麗者也。餔糟啜醨，皆可以醉；果蔬草木，皆可以飽。推此類也，吾安往而不樂？」任何一個事物都有它美好的一面，當然也會有它不美好的一面，看到美好一面的人就很開心，看到不美好一面的人就會很難過。樂觀的人看待事物都是從正向、光明、快樂的一個角度切入，悲觀的人看待事物則是從負向、黑暗、悲慘的角度切入。一個人快樂、不快樂的原因，往往不是事物的本身，而是對事物的看法；同樣的道理，一個人幸福不幸福，不在於他擁有多少東西，而是他對所擁有的東西的看法。

蘇軾是個通達自適的人，即便他的命運被安排為一杯苦酒，他也願意欣然一醉。蘇事因為有通達的人生觀，是個樂觀主義者，凡事都能抱持陽光的心態，所以他在密州的生活雖然比不上杭州的舒適，他卻不以為意，反而在密州生活一年之

後，「貌加豐，髮之白者，日以反黑。」因為他不以生活的貧困為苦，而以當地風俗之淳厚及吏民安其拙為樂。人生的苦與樂，是由自己認定的，自己認為是苦就是苦，自己認為是樂就是樂。「始至之日，歲比不登，盜賊滿野，獄訟充斥；而齋廚索然，日食杞菊。」這樣的物質生活當然很苦，不會很樂，但是蘇軾可貴的地方是跳脫現實物質的貧困，不執著於現實物質的貧困，而關注在精神層面的愉悅滿足。人沒有煩惱，有時是因為不知道什麼叫煩惱？有時是因為能夠超越煩惱，不以煩惱為煩惱，所以沒有煩惱。

超然不是逃避，蘇軾依然面對現實生活，只是他在乎的不是物質生活的貧乏，而是精神生活的富足。蘇軾能夠轉移物質生活的悲苦，而跳脫到精神生活的歡樂，這是蘇軾可貴的地方。

每個人都要「求福辭禍」，因為「福可喜而禍可悲」，可是因為人的欲望太多，人的能力沒有辦法逐一實現理想；而且人在取捨欲望的時候，也給自己帶來很多的煩惱與迷惑。結果是為未得其福，先得其禍；未受其利，先受其弊。人生的煩惱與痛苦，多半是自找的，想要的很多，能要的很少，求不完，當然就苦不完。到底什麼是人生真正的幸福、真正的快樂、真正的需求？很多人並不理解。

人生的幸福、快樂，來自一顆自由的心靈、安定的心靈，內心不安定，就是內心不滿足。一個不滿足的人，再多的財富、再大的官爵都嫌不夠，這樣的人怎麼會快樂、幸福呢？淡定是超然的涵養，能夠超然的人才能夠淡定。淡是平淡，對物質或精神不會有太多的奢求、太多的欲望。因為沒有太多的奢求、太多的欲望，所以才能夠安定、平定、篤定。

超然不是不在乎，不是無動於衷，不是沒有感覺，淡定也不是裝得像沒事一樣，置身事外、事不關己。陶淵明〈飲酒詩〉：「結廬在人境，而無車馬喧。問君何能爾？心遠地自偏。」「心遠地自偏」，如果我們不能從遠處、大處、高處看待問題，就會被各種感情、財務、人事的糾結牽掛。蘇軾詩：「不識廬山真面目，只緣身在此山中。」人在山中就看不見山的全貌。杜甫詩：「會當凌絕頂，一覽眾山小。」只有登上絕頂高峯，才能俯瞰眾山的渺小。

不管快樂或是痛苦，都讓我們的心境不能平靜，唯有超越快樂與痛苦，不以快樂為快樂，不以痛苦為痛苦，才能做到淡定的修養。一把鹽放在一杯水和放在一個池子裡，它的鹹度是不一樣的，我們要放大心胸，用更高、更大、更遠的角度來看待我們生活中的得失、成敗與毀譽，那些得失、成敗與毀譽，就不再成為我們的罣礙。心無罣礙才能海闊天空，一顆自由的心靈才是幸福快樂的泉源。我很喜歡蘇軾〈定風波〉一詞前半闋：「莫聽穿林打葉聲，何妨吟嘯且徐行。竹杖芒鞋輕勝馬，誰怕？一簑煙雨任平生。」的瀟灑、超然。道中遇雨未帶雨具，隨它去吧！「誰怕！」真是淡定。

19 淡定是理性的抉擇

理性相對於感性，人是感情的動物，人也具有理性的思維。生而為人必然具有七情六欲。所謂七情，是指喜、怒、哀、懼、愛、惡、欲，而六欲則指生、死、耳、目、鼻、口。所有的情欲都是人生不可避免的，如果調和不得其宜，就會造成身體上的疾病、精神上的錯亂而產生各種痛苦。在人的各種情欲之中，最令人致命的情緒是貪婪、自私、自負、自卑、偏邪、激情。

貪婪是指希望獲得超過自身需求的金錢、地位、物品或是肉體的滿足，貪婪是因為內心的不滿足，想要擁有更多、更好、更大的事物。貪婪的人不會考慮自己是不是真的需要這些東西？擁有這些東西是不是真的對自己有用？擁有這些東西，對自己或是別人會不會有傷害？只因為情緒的衝動，不求不快、不得不快，至於獲得之後的後果，完全沒有考慮。

擁有該有的東西不叫貪，擁有不該有的東西才叫貪，與貪婪有關的罪惡包括背叛、不忠、暴力、詐欺，貪婪的人往往為了個人利益，非法取得不該有的金錢、地位、物品或是肉體的滿足。如果因貪婪而不知節制，終將觸犯國法，傷及無辜，自毀前途與生命。淡定的人知道貪婪的禍害，所以能做理性的抉擇，選擇清淡需求，安定心靈。一個人沒有太多的妄求、奢求，就能心安理得。

自私是自利的想法或做法。自私不等於自愛，自愛是自己疼惜自己，看重自己。一個疼惜自己、看重自己的人，是不會因為個人的私利而不去顧慮別人的想法或利益，甚至為非作歹，作奸犯科。

每個人當然都會有自私心，但是每個人不只有自私心，還有公德心。人有兩顆心，一顆是善的心，一顆是惡的心。善的心是公德心，是利他的心；惡的心是自私心，是利己的心。人不為己，天誅地滅，做人不能沒有自己，但是做人不能只有自己。這個世界除了自己，還有很多很多的別人。人的一生從母親懷胎之後，便受到許許多多的人的呵護、照顧、關懷、提攜。人的社會是互相幫助的社會，而不是互相利用的社會，更不是各取其利的社會。很多人為了大我而犧牲小我，為了大愛而放棄小愛，令人敬佩、感動。淡定的人能有理性的思維，知道生命存在的意義與價值，不在於個人的自私自利，而是服務奉獻，幫助他人。一個對別人有愈多貢獻的人，成就愈大，價值愈高。

自負與驕傲是同義詞。自負不等於自信，自信是對自己有信心，自負是把自己看得太了不起，自負就是自大。自負也不等於自豪，一個人因為有自信，所以能自豪，但是太過自豪就會變為自負；自負是對人的負面評價，自信、自豪則為正面的評價。

自負的人是自滿的人，驕矜自滿，終必敗亡。俗話說：「謙受益，滿招損。」空杯才能裝水，空碗才能盛飯，我們要學習空杯的精神，不能驕傲自大。孔子曾經問禮於老子，老子告誡孔子說：「去子之驕氣、態色與淫志，是皆無益於子之身。」也許孔子當年年輕氣盛，有一點「驕氣、態色與淫志」，一經老子點化，孔子十分折服，對老子非常崇敬。孔子對弟子們說：「鳥，吾知其能飛；魚，吾知其能游；獸，吾知其能走。走者可以為罔，游者可以為綸，飛者可以為矰。至於龍，吾不能知其乘風雲而上天。吾見老子，其猶龍邪！」淡定的人知道自負是不對的，所以理性的抉擇平淡、謙虛。

自卑與自負相反，自卑是看不起自己的心理，凡事總認為自己比不上別人——比不上別人聰明、比不上別人美麗、比不上別人有財富、比不上別人有才華。其實，真所謂「人比人，氣死人。」我們雖然不聰明，但是有人比我們笨；我們雖然不美麗，但是有人比我們醜；我們雖然不富有，但是有人比我們窮；我們雖然不能幹，但是有人比我們拙。失掉一些，不等於失掉全部；擁有不多，不等於一無所有。我小時候家裡窮，上學沒有鞋子穿，老師安慰我說，我只是沒有鞋子穿，有些人連腳都沒有。

知道自己不足的人，更要努力奮發向上，不可自暴自棄。可以一時失意，不可以一輩子失志。淡定的人雖然對人生沒有太多的要求，但是絕不會自卑自傷，他能安於自己的天賦、相貌，不會一副可憐兮兮的樣子。

偏邪是對事物不周全、不客觀的看法，所謂的成見、偏見，都是個人主觀的意見，換言之，就是執著的態度。執著是痛苦的根源。《莊子・齊物論》：「民濕寢則腰疾偏死，鰌然乎哉？木處則惴慄恂懼，猨猴然乎哉？三者孰知正處？民食芻豢，麋鹿食薦，蝍蛆甘帶，鴟鴉耆鼠，四者孰知正味？猨猵狙以為雌，麋與鹿交，鰌與魚游。毛嬙、西施，人之所美也；魚見之深入，鳥見之高飛，麋鹿見之決驟，四者孰知天下之正色哉？」「孰知正處」？「孰知正味」？「孰知正色」？並無一定。不同的人，不同的物，不同的事，不同的時間，不同的地點，很多的想法與做法，都會不一樣，價值觀也不一樣，我們不必太執著於事物的假象，而徒增自己的煩惱與痛苦。

淡定的人對事物能有通達的看法、理性的思維，所以處事平和、均衡，不會偏邪。一個人處理事情不會偏邪，就不會太激情、太衝動，不會感情用事，使工作、生活非常情緒化。情緒激動的人，不能理性處理問題，缺少冷靜的頭腦，往往很難做正確的判斷而成為失敗者。淡定的人處事平穩、沉穩，不會激動、激情。

20 淡定是簡單的思維

淡定是對生命抱持平淡安定的態度。生活本來可以很簡單，只是我們常常把它複雜化了。生活複雜，我們的煩惱就多。生活的複雜主要來自環境的複雜，包括社會環境、政治環境、經濟環境……，都是今非昔比。隨著科技的發達、交通的便捷、資訊的普及，真已達到天涯若比鄰。寰宇之內，國與國之間各種文化、經貿的交流，非常頻繁而密切，愈來愈多的精美科技產品，一方面改善人類的生活，一方面卻也滋生許多嚴重的問題，譬如地球暖化現象，即是來自人類對自然環境的污染與破壞。

複雜的生活使原來是十分簡單而純粹的人生，變得非常迷茫與困惑。在我們的日常生活中，有許許多多的誘惑吸引我們去追求，豪宅、名車、美女、俊男，珠寶、服飾、美食、玩樂，真是不勝枚舉，如果我們有太多的渴望而又不能逐一滿

足，就會非常遺憾、難過，即便心想事成，得到了一些內心的渴念，也會為了求得更多、更好或是害怕失去，而急切、忙碌、惶恐、不安。這樣的生活難道就是生命的理想嗎？

人生最重要的是求得一顆安定的心，人生最重要的是要能當家作主，做自己生命的主人。能夠住的好、吃的好、穿的好、玩的好，心想事成、萬事如意，當然是很幸運、很幸福的事，如果魚與熊掌不能兼得的時候，我們應該如何才能作最佳的抉擇，這是很不容易的事。天下事有得有失，我們應該要有智慧分辨本末、輕重、緩急、先後，利取其大者，害取其小者，而不能本末倒置，捨本逐末。

什麼是人生之本？健康是人生之本。一個人沒有健康的身體，就沒有一切，再多的財富都買不到健康，再珍貴的愛情都抵不過健康。為了逐名求利而損及健康，是絕對划不來的。人是為情愛而生，親情、友情與愛情，都彌足珍惜，各種個人的物質享受，比起親情、友情與愛情，就顯得不是那麼重要；而為滿足人生理想的追求，再多的苦難與犧牲，都是非常值得的。

現在有愈來愈多的文明病，都是因為生活太富裕、太優渥，整天坐在電腦前面，整天忙著玩電動、打手機，容易造成眼睛的傷害、筋骨的疼痛、食慾不振、消化不良、情緒緊張、心臟血壓失常。暴飲暴食，飲食起居不正常，高油脂、高蛋白、高鹽、高糖的食品引發高血糖、高血壓、痛風等疾病，加上情緒憂鬱、躁慮等等心理因素，也會產生精神官能失常的問題。癌症的原因，除了外在環境的因素外，個人的生活和心理不正常、失衡，也是重要因素，不可不重視。

對所有的人來說，生活簡單就能幸福。生活的簡單，除了日常的飲食起居之外，還包括思想簡單、感情簡單。簡單的飲食，讓我們的身體不會有太多的負擔；簡單的行囊，讓我們的行旅不會有太多的負擔；簡單的思想，讓我們的思維不會有太多的負擔；簡單的感情，讓我們的人生不會有太多的負擔。

沒有一個男人或女人能夠坦然接受他（她）的另一半還有別的女人或男人的存在，事兩君者不容，腳踩兩條船、多條船的人遲早會失足。

思慮繁複的人，心有千千結，剪不斷理還亂，怎麼樣也解不開，就會滋生許多的煩惱與痛苦。而拖著沉重行囊走路的人，如何能夠輕鬆自如呢？

聰明的人把複雜問題簡單化，愚笨的人把簡單問題複雜化，我們要簡化問題，不要把問題複雜化。簡化問題才能集中精神深入問題的核心，才能就事論事而不會橫生枝節、節外生枝，造成不必要的困擾。我們只有有限的生命、有限的體力、有限的財富，一個時間只能做好一件事，三心兩意的人很難成就大事業。

生活簡單才能專一心志，集中力量，多頭馬車是沒有辦法駛向正確的終點。什麼都想要的人，結果什麼都要不到。生活愈簡單，人生愈美滿，因為生活愈簡單的人愈不會受外界的誘惑，愈不會迷失與困惑。

多則惑，生活簡單，要求很少，就很容易滿足，很容易得到快樂。簡單與淡定是同義詞，簡單就能平淡，簡單才能安定。簡單代表的是要求不多，舉飲食為例，就是不要有太重的口味，也就是平淡的口味；另外，因為食材的簡單，口味才能保持清純平淡而不複雜。又如服飾的穿著很簡單，就不必濃妝豔抹的搭配，而有自然、平淡、優雅之美。因為口味簡單平淡，情緒也不會煩躁而能平安平順；因為穿著簡單樸素，情緒也跟著寬鬆自在。

簡單是淡定的必備條件，要想得到淡定的生活智慧，就要從簡單做起。沒有人因為生活很複雜、思想很複雜、感情很複雜而能有淡定的修持。淡定是人生的重要智慧，是對人生的需求非常平淡，對人生的目標非常篤定，這是很不容易做到的。如果不能有簡單的生活、簡單的思想與簡單的感情，怎麼能對人生的需求很平淡、對人生的目標很篤定呢？

一個人要能夠很篤定的知道他要什麼、不要什麼，他才能夠知所取捨，取所該取，捨所該捨。幸福的真諦，不只是要所該要的，也是不要所不該要的。如果把幸福看成是人生努力的指標，就好像泥塑和木雕，一件件美麗的泥塑和木雕藝術作品，都是拿走多餘的材料而留下該留下的材料，既不是什麼都要，也不是什麼都不要。

21 淡定是自然的順應

淡定的人之所以能夠淡定，是因為淡定的人知道宇宙自然的變化有一定的法則，這個法則是天道無為而無不為。人要效法天道的無為，順應自然；淡定的人能夠效法天道，凡事順其自然，不必有太多作為，雖然是無為，而能像天道一樣無不為。天道的偉大，在於能夠順應天地萬物的本性，聽任萬物自化而不強制作為。不過，雖然是無為，卻「天地運焉，萬物育焉。」

我很年輕的時候就在台灣師範大學擔任訓導主任的工作，記得當年才34歲，年輕氣盛，性子急。我的老師告誡我性子不能太急，公文來了不是一定要馬上就處理，有時過一、二天這件公文就不必處理了。當然不是每件公文都不必馬上處理，急件、特急件，就非馬上處理不可。事緩則圓，老師的意思是太快做的決定，往往不是最好的決定。當年還沒有淡定一詞，淡定一詞的流行是這幾年的事，但是做人做事要沉穩冷靜，古今皆然。

《大學》：「大學之道，在明明德，在親民，在止於至善。知止而后有定，定而后能靜，靜而后能安，安而后能慮，慮而后能得。」二千五百多年前中國古代的聖哲即已提出這套周密而完整的修身思想。禪定在佛家更是重要的功夫，是利用打坐與靜思的練習，達到開悟智慧的目的。佛教有三寶，曰：戒、定、慧。心地沒有邪念就是本性的戒；心地不亂就是本性的定；心地無癡就是本性的慧。所以「淡定」的「淡」，有「平淡」、「清淡」的意思；「定」就是「不動」、「不亂」的意思。淡定的人效法天道自然無為，所以也就「不動」、「不亂」。

天道除了有自然無為的特性，而且有循環反覆的特性。春、夏、秋、冬四季的變化以及晝夜的更替，都是循環反覆，周而復始，有白天就有晚上，過了晚上就到白天，春去夏來，秋去冬來，亙古如一。人的生命，有生必有死，也是自然的現象。日盈則昃，月滿則虧，宇宙的現象是如此；人生有生、老、病、死的輪迴，就像自然界的生、成、住、滅。淡定的人體悟這個道理，所以對自己的生命，對情愛的追求以及對物欲的渴念，就能看破、看透、超越，而變得很平靜、很平淡。

另外，淡定的人看到自然界很多現象如狂風、驟雨，都不能長久，而禍與福也是相倚相伏，因此感受到人生的無常與無奈。淡定的人能很平淡的看待得失、利害、是非、禍福，因為人生沒有什麼好爭、好求的，不該是你的，勉強得到，也會很快失掉。所以有人說：「擋不住的事情不要擋，留不住的人不要留，賺不到的錢不要賺，去不了的地方不要想，買不起的東西不要看。」不要跟自己過不去，不要給自己惹煩惱。

養生之道，在順應自然。我們每天吃飯、睡覺、工作、遊戲，都要配合宇宙的定律，該吃飯的時候就要吃飯，該休息的時候就要休息；天冷、天熱、刮風、下雨，人都要配合天候節氣的變化而做適應，順應自然是養生的最高智慧。每個人的體質不同，需求不同，適合自己的需求，才是最好的需求，我們不必東施效顰，也不必邯鄲學步。《莊子‧養生主》庖丁解牛的故事，就是在強調「依乎天理」、「因其固然」的道理，「緣督以為經，可以保身，可以養親，可以盡年。」「緣督以為經」，就是順應虛寂的中道而行。人來自自然，所以貴能合於自然。

《莊子・應帝王》：「南海之帝為儵，北海之帝為忽，中央之帝為渾沌。儵與忽時相遇於渾沌之地，渾沌待之甚善。儵與忽謀報渾沌之德，曰：『人皆有七竅以視聽食息，此獨無有，嘗試鑿之。』日鑿一竅，七日而渾沌死。」刻意的人為，違反自然，不但於事無補，反而是弄巧成拙。

科學的昌明帶動高科技的發展，人類從畏天、敬天，而要制天，能源過度的開發，造成生態的不平衡。為了經濟的發展，人類對自然環境肆意破壞，以致嚴重產生環境污染、資源枯竭、物料減少、生態失調，甚至造成臭氧層破洞、溫室效應、氣候異常、天災不斷，造成很多的禍害，死傷無數。我們只有一個地球，我們不能與自然對抗，而要與自然維持和諧、平衡的關係；我們不可以小覷大自然的反撲，違背大自然的規律，受害最多的仍是我們自己。為了人類的永續經營與發展，我們必須尊重自然，保護自然，愛護自然。

中國自古即有敬天、法天的思想，古代聖賢主張「天人合一」、「人與天地參」。《老子》第25章：「人法地，地法天，天法道，道法自然。」宇宙之中有四大，人居其一。人效法地的無私載，地效法天的無私覆，天效法道的依養萬物而不為主。天地大公無私，道依養萬物而不為主，也是大公無私。天地是萬物的父母，人以自然為師，人只要法天而行，過自然的生活，就是最真實的生活，也是最幸福的生活。

現在有不少熱心人士主張環保減碳，積極呼籲、推動克制自己，改變飲食習慣、生活習慣、交通習慣、資源回收再生，減量消費等等，令人鼓舞、敬佩。儘管還是有些人藐視自然，不懂自然，而又魯莽行事，但是我們希望透過學校教育、社會教育、家庭教育，加強宣導，加強人與自然生態的和諧與平衡，因為這是攸關全體人民的福祉以及人類未來的長遠發展。

順應自然，順是消極的不破壞，應是積極維護，前者是諸惡莫作，後者是眾善奉行。我們必須雙管齊下，身體力行，才能真正達到順應天命，亦即所謂「天地與我並存，萬物與我合一」的境地。

22 淡定是沉穩的表現

俗話說：「小不忍則亂大謀。」小事情不能忍耐，就會打亂大的計謀。不是每個人都要有什麼大計謀、大計劃，但是人生難免會遇到許多不可預測的災難、禍害、意外，尤其處在瞬息萬變的現代社會，計劃往往趕不上變化，面對各種緊急、危險的事情，必須沉得住氣、不慌不亂、冷靜沉著，才能安然度過難關與險境。否則，驚慌失措、自亂腳步、六神無主，不只於事無補，反而會增加問題的嚴重性。

有一位老太太搭郵輪旅遊，不幸遇到海上風暴，所有船員及旅客都忙亂成一團，只有這位老太太非常篤定，坐在一邊禱告。等到風平浪靜之後，大家問這位老太太為什麼能夠臨危不亂、十分淡定。老太太回答說，她有兩個女兒，大女兒已經過世，二女兒在家裡等她，不管海上風暴的結果如何，如果不幸罹難，她可以見到大女兒，如果平安回家，她可以見到小女兒。總之，她都有機會見到一個女兒，所以何必緊張焦慮呢？這位老太太豁達的個性，十足表現她沉穩內斂的無畏精神。

民國六十年，當時的台灣政府基於漢賊不兩立的嚴正立場，毅然退出聯合國，先總統蔣中正先生昭告全國軍民同胞要「莊敬自強」、「處變不驚」、「慎謀能斷」，激發全國上下一片愛國熱潮，發憤圖強，開創了台灣七〇年代的經濟奇蹟。

人生的憂患是不可預知的，我們必須未雨綢繆，才能有備無患。當然，最為重要的是在臨危之際，千萬不能毛躁、急切、憂心、煩慮，而要能秉持堅毅不拔的精神，從容不迫，處之泰然。事情如果不能解決，煩惱有什麼用呢？事情如果能解決，又何必煩惱呢？

台灣東部的花蓮經常有地震，許多中外遊客到了花蓮都擔心遇到地震，不免非常驚恐，倒是花蓮本地人習以為常，見怪不怪，真要發生了地震，也能隨機應變，處理得宜。

《世說新語》一書有一則「許允惭對新婦」的故事，許允是三國時代魏朝高陽人，官至領軍將軍，娶了阮共的女兒，奇醜，舉行婚禮後便不再入房，家人非常憂慮。正巧許允的好友桓範來訪，桓範勸許允接受醜婦。許允入房後忍不住便要離開，許允婦料想這次再讓許允出去，許允就不會再回來了，立刻做了危機處理，抓住許允的衣襟。許允問太太：「婦有四德，卿有其幾？」古時以婦德、婦言、婦容、婦功為四德。許允婦頗有自知之明，回答說：「我只是缺少婦容。」反問許允：「士有百行，君有幾？」許允回答：「皆備。」許允婦立刻反擊：「夫百行以德為首，君好色不好德，何謂皆備？」在以往的觀念裡，女子受制於「三從四德」傳統禮教的束縛，許允婦勇敢突破禁忌，爭取女性自主的地位，令人十分敬佩，尤其是她那沉穩應變的機智，實在非常難得。

淝水之戰，東晉以八萬兵力擊敗前秦八十萬大軍。獲勝的消息傳回首都健康的時候，宰相謝安正與朋友下棋，隨意看過捷報後，繼續下他的棋，好像一切都在他的預料之中，十分篤定，充分顯現他的淡定精神。一個能成大事的人，必然是謀定而後動，胸有成竹，而且沉穩內斂，鋒芒不露。

東坡與佛印的趣譚，則是一個相反的例子。佛印的廟在長江北岸，東坡住長江南岸。有一天東坡過江拜訪佛印未遇，留下一首詩：「稽首天中天，毫光照大千。八風吹不動，端坐紫金蓮。」佛印回去以後見到此詩。題一屁字，叫人送給東坡，東坡很生氣，立刻坐船過江理論。佛印笑著說：「八風搬不動，一屁過江來。」東坡性子急，耐不住佛印一個屁字，成為文壇趣譚。

「沉穩」二字，一般形容個性堅強、有擔當、有責任感、有豐富人生閱歷的熟男。為人處事明確果斷、從容自在，是能讓女人放心依靠的型男。其實今天的社會，兩性平權，每個人的頭上都有一片天，在各行各業中都不乏有傑出的女性，思慮慎密、處事明快、儀態端莊、穿著時尚、沉穩大方，應對進退不讓鬚眉。

個性沉穩的人，必然是充滿自信的人，有自信的人除了有行動力而且有自制力，懂得要求自己、懂得抗拒不當的誘惑。沉穩的人處理事情穩健踏實，就是因為有了自信，胸中一把尺，收放自如，不會盲目追風，不會虛張聲勢，不會自亂腳步。

培養沉穩的個性，是一個人成功立業的重要條件之一。個性沉穩才能理性思考、生活規律、懂得自制，不會亂發脾氣，無緣無故為一些芝麻小事就歇斯底里大吵大鬧。

人生不如意事雖然未必十之八、九，但總會有些不能稱心快意的時候，能忍則安。順了姑意，逆了嫂意，我們做人做事很難面面俱到，很難盡如人意，但求盡心盡力無愧我心。沉穩冷靜、為人厚道，自然能夠不忮不求、坦然自得；也唯有如此，才能在遇到危險、緊張、壓力、衝突的時候，從容篤定、處之泰然，泰山崩於前而面不改色，達到淡定的人生至境。

23 淡定是自信的力量

淡定的人是自信的人，自信才能淡定。自信是一切事業成功的基礎。心的作用是很大的，你認為會成功的事，往往就能成功；你認為會失敗的事，往往就會失敗。很多人做事沒有成功，並不是沒有機會成功，也不是沒有能力成功，而是沒有信心才沒有成功。二十幾年前我曾報名參加國家高級文官考試，我報名的那一個類科只錄取一名，而我從來沒有考過第一名，我最好的考試成績是第二名，所以從報名的時刻開始，我心裡就犯嘀咕，對自己沒有信心，考試的結果，果然沒有被錄取。一個人的失敗，常常是給自己打敗的。

自信不是一種假象，自信是以實力為後盾。一個自信的人，不會做沒有準備的事；一個自信的人，不會盲目的附和別人，人云亦云，而會有自己的主見、自己的判斷；一個自信的人，也不會急功近利、急於求成，凡事都能循序漸進，有條不

le，水到渠成，這些人格特質也是淡定的人具有的條件與能力。

人生是永不止息地奮鬥的過程，競技場是人生的縮影，奧運會是競技者的最高舞台，為了追求更快、更高、更遠，所有的參賽者都是卯足了勁，把平日辛苦的練習，要在剎那間做最完美的呈現。除了能力，勝敗的關鍵，就在於信心。二〇〇四年雅典的奧運會上，中國短跑健將劉翔以12秒91平世界紀錄，獲得百米競賽冠軍的殊榮。他後來自述：「我從一開始準備活動，上起跑線，到整個過程，都做得很自信、很完美。」這就是他的成功之道。大陸「中國當代出版社」出版的《自信的力量》一書，描述劉翔「甚至在自己並不擅長的起跑點上，只用了電光火石般的零點一三九秒，然後一路領先，像一隻獵豹直衝終點。」劉翔的成功，改變亞洲人在短跑項目上不如歐美的偏見。

沒有人是天生的弱者，沒有人註定會失敗。美國人尼克從小就沒有雙手、雙腳，從一無所有到無所不有，他能游泳、打球、料理自己的生活，他到世界各地演講，鼓勵生活在苦難中的人要有信心。台灣著名的口足畫家謝坤山16歲時誤觸高壓電，只剩一隻左腳、半隻右腳和一小節臂膀，記者問他生活上會不會不方便？他回答說：「不會，因為老天把沒有用的都拿走，剩下來都是有用的。」他咬著筆桿學畫畫，把對生命的熱力都投注在畫布上，充滿信心，成為生命的勇士。

日本的乙武洋匡五體不全，卻是一個把悲劇演成喜劇的天才，他認為人生最重要的一件事是「活著的尊嚴」；台灣的朱仲祥六歲罹患肌肉萎縮症，醫師斷言活不過十五、六歲，他卻努力活到三十七歲，「能呼吸，就有希望。」這是他的名言。

台灣抗癌小勇士周大觀十歲時因為橫紋肌癌，右腳截肢，但始終充滿生命的鬥志，逢人就說：「我還有一隻腳。」他要學雙耳失聰的貝多芬、雙眼失明的海倫凱勒，「我還有一隻腳，我要站在地球上。」「我還有一隻腳，我要走遍美麗的世界。」可惜不敵病魔，十歲那年就揮別人世。

還有很多感人的例子，證明人生雖然充滿苦難，但是只要有信心、有毅力，依然可以活的很精采。灰心喪志、埋怨命運，只會減損奮鬥的意志。失敗只是難

過，不敢嘗試則是絕望。一個人的努力，不是為了勝過別人，而是為了追求自己的卓越。真正的強者，取決於一顆堅毅的信心；真正的強者，不是贏過別人，而是戰勝自己——戰勝自己的怯懦。心是生命的源頭，力量來自渴望，想成功的人才能成功，有信心的人才能成功。不過，有必勝的信心，還要有必勝的行動，信心不是幻想、不是妄想，不是想成功就會成功，說要成功就會成功，而是努力才會成功。

沒有人是一路順風的，逆風更要勇敢飛翔！船翻了，不能只是坐著哭。美國籃球巨星麥可喬登的名言：「遇到了牆，不要輕言放棄，要爬過去，穿過去，或繞過去。」遇到任何困難，要想辦法解決。天無絕人之路，只有放棄自己的人，才永遠沒有機會。印度聖雄甘地說：「努力是我們的責任，結果在上帝手上。」凡事我們只要盡心盡力，就能問心無愧。古人說：「但行好事，莫問前程。」就是這個道理。

人生漫漫，百歲光陰說長不長，說短不短，每個人都可以有很多的願望，都可以築夢成功，美夢成真。人生的可愛、可貴，就在於因著無畏橫逆的決心、信心與恆心，無中生有，化虛無為真實。任何事情的成敗，關鍵在於自信，有自信的人才能有決心，才能在最正確的時間做最正確的判斷，而不會優柔寡斷，猶豫不決，喪失機會。

當自己對一件事堅信不移的時候，就有動力繼續走下去，人在沒有自信的時候，看不到自己的優點，自信對一個人的立身處世扮演很重要的角色。沒有信心的人，凡事畏怯，沒有信心的人遇到橫逆挫折，就會放棄希望、放棄努力。事在人為，相信能成功的人，就有機會成功。運氣欠佳，只是懶人的託辭，也是沒有信心的人的藉口。人生最重要的是不能失去信心，一個人失掉了心，就失掉一切，怕是唯一該怕的。志氣衰弱的人沒有能力承擔困難的挑戰，人生最可怕的就是失去鬥志。

沒有所謂失敗，只是暫時還沒有成功，所以凡事要有信心，要能堅持理想。理想愈遠大，所會遭遇的困難就愈多。成功因為難得所以才可貴，一件事沒有做完，等於沒有做這件事，因此，處理事情，不做則已，要做就要做成功，不要半途而廢。失敗的人是一蹶不起，成功的人是屢仆屢起，當爬起來的次數比跌倒的次數多的時候，就算成功了。

24

淡定是守柔的精神

不是路已走到盡頭，而是該轉彎的時候

人與人之間有時會因為彼此的意見不同而發生爭執、衝突，爭執的兩方如果都不肯退讓，可能愈演愈烈，本來只是一點芝麻小事，後來卻吵到不可收拾的地步，大傷和氣。吵架沒有贏家，就算爭了面子，也會輸了裡子，不只傷了對方，也傷了自己。

很多人都有爭強好勝的毛病，好強的人不服輸。正面的意義，可以激勵自己力爭上游，求取人生的理想；負面的意義，則是不肯謙讓，爭是非，爭得失，爭快慢，爭大小。許許多多的人事糾紛和大大小小的交通事故，都是因為不能謙和退讓。「十次車禍九次快」，車禍大多是爭快而惹的禍。

現代的社會，人際關係非常複雜，難免會有利害衝突的時候，爭名奪利、爭

風吃醋、爭寵恃驕，為了一己之私而做出損人害人的事，就會經常發生；爭奪不已的結果，不管是自己佔了便宜或是吃虧，總有一方受到委屈而有怨尤。勝者固然欣喜，敗者必然心懷怨恨。

爭字，甲骨文像兩人各持物之一端相爭之形。有爭執就有是非，我們常常從電視報導看到一些有錢人家，子女為了爭父母的遺產，對簿公堂，爭訟不休，父母的遺體甚至久久不能安葬。兄弟姊妹之間為了店面招牌的名稱，互別苗頭，也時有所聞。不管是為名或是為利，傷及親情、友情，都是得不償失。淡定的人有聰明睿智，知道禍福相伏相倚的道理。天下事有得就有失，即使勉強爭到了名與利，必然也要付出相對的代價。

天下沒有不勞而獲的事，得未必是福，失未必是禍，我們常常因小失大，得了小便宜而吃大虧。很多沒有良心的商人利用人愛貪便宜的心理，賣假貨、詐設虛殼公司設計圈套行銷詐騙。因為貪心而受騙上當的例子，不勝枚舉，甚至有由於受騙上當而釀成不幸的悲劇。既有今日，何必當初，人往往因為爭字而惹禍，人往往因為貪字而惹禍。

淡定的人不與人爭，不是沒有能力與人爭，也不是不屑與人爭，而是不必與人爭。爭到未必有好處，爭不到未必有壞處。天下事一得一失，擁有太多未必是福氣；因為有錢、有名就會招忌，就會有爭端。有錢、有名的人的煩惱，不會亞於沒錢、沒名的人。老子說：「損有餘，補不足，天之道也。」物極必反，盛極則衰，如何才能夠持盈保泰，是一門大學問。淡定的人謙虛為懷，做人做事極為低調，不張揚、不輕狂，韜光養晦。

淡定的人深得老子守柔處下的三昧，《老子》第78章：「天下莫柔弱於水，而攻堅強者莫之能勝。」世上的東西，沒有比水更柔弱的，但是水能懷山襄陵、磨鐵消銅，任何可以攻堅克強的東西，都不能夠勝過它。水的特質，不只是柔弱，而且自處卑下。《老子》第66章：「江海所以能為百谷王者，以其善下之，故能為百谷王。」江海所以能為百川之王，使天下的河流奔往匯歸，是因為它善於自處卑下的地位。《老子》第8章：「上善若水，水善利萬物而不爭，處眾人之所惡，故幾於道。」上善的人、上德的人像水一樣，水能滋養萬物，但是不和萬物相爭，蓄居在大家所厭惡的卑下之處。水因為有這些特性，所以和「道」很相似。道體化生萬物，無為而不為，功成而不居，功成而身退。

淡定的人不貪無求，守柔處下，因為淡定的人知道凡事要順其自然，爭是沒有用的，好爭的人，結果什麼都爭不到，即使爭到了，也會給自己帶來不安與痛苦；而不爭的人，內心一片祥和安寧，同時，不爭的人以和為貴，不與人爭，也就沒有人和他爭了。天下太剛強、太猛烈的東西，是容易被摧毀、被消滅的。為人處世用剛強、猛烈的手段，不容易成功，以柔順、溫和的手段，反對的壓力最少，容易成功。逞強鬥狠的人，沒有一個是好下場的。

《老子》第76章：「人之生也柔弱，其死也堅強。草木之生也柔脆，其死也枯槁。故堅強者死之徒，柔弱者生之徒。是以兵強則不勝，木強則兵。強大處下，柔弱處上。」老子主張守柔處下，一方面從人的生理結構來看，人活著的時候，身體是柔軟的，死後就變為僵硬；另一方面，從自然界植物的生長來看，花草樹木生長的時候，形質是柔脆的，死後就變為枯槁。可見「柔弱者生之徒」，而「堅強者死之徒」，凡是柔弱的，是屬於生存的一類，堅強的終將滅亡。老子舉兵勢與樹林為例，兵勢強大，往往恃強而驕，最後一定不能取勝；樹木強大，為工匠所需，容易遭受砍伐。老子得到的結論是：凡是強大的，一定會居於下位，柔弱的反而處於上位。

《老子》第42章：「強梁者不得其死。」性情剛暴的人，不得善終。很多的事物，表面看起來是受損，其實是得益；表面看起來是得益，實際卻是受損。淡定的人知道爭是沒有用的，好強是不對的，所以表現出柔弱不爭、謙虛卑下。以柔克剛，這是最高明的智慧。真正的強，不是剛強而是韌強；剛強易摧，韌強有彈性，遇到困難能夠轉折。硬碰硬，只會玉石俱毀，沒有人得到好處。柔弱不是軟弱、不是怯弱，而是柔軟平和，能屈能伸，俯仰自得。

25 淡定是篤實的作風

篤實是人生很重要的一項品德，做人與做事實實在在、穩健踏實、堅持理想，不虛驕、不狂妄、不衝動、不傲慢、不刻薄，這樣的人是值得尊敬的人。現代的社會，光怪陸離，無奇不有，有很多人沒有足夠的智慧勘破各種的誘惑，沒有足夠的定力看清楚事態的真相，因此沒有辦法踏出穩健的腳步，成就圓滿的人生。我們必須淨化心識，擦亮眼睛，才能察覺生命光明之路。

篤實是一種嚴謹的態度，是一種實踐的精神，剛健、篤厚、誠實、熱忱、親切，篤實是生活的錦囊。篤實的人不馬虎、不隨便、不任性，明確了解人生的方向與目標，堅定信心、堅持不移。孟子說：「富貴不能淫，貧賤不能移，威武不能屈，此之謂大丈夫。」篤實的人具有大丈夫的人格特質。

一個人要知道為誰而活？為何而活？如何而活？才不會迷失疑惑，而活得充實自在、活潑悅樂。物質只是生活的一部份，人生的努力，不應該只是為了滿足物質的欲望，而應該有高遠的目標、偉大的理想，追求生命的價值。生命的存在，不只是活著就好，活就要活得很好，要活得有意義、有價值，做個有用的人，做個對別人、對社會、對國家，甚至對全人類有貢獻的人。

每個人各有各的專長，我們可以從不同的層面付出我們的才華。有文學才華的人，成就偉大的文學家；有經濟才華的人，成就偉大的企業家；有政治才華的人，成就偉大的政治家……。只要能夠篤厚真實的朝著一定目標去努力，必然能夠有一番亮麗的成績。

現代的社會，科技日益發達，各種資訊便捷而快速，各種產品講求精緻迷人，有些人忍不住廣告的誘惑，一股衝動血拼購物，買了許多並不實用的東西，浪費金錢，這是消費的衝動。有些人則有感情的衝突，處理事情不能審慎縝密的思考，想說就說，想做就做，然後發生許多後悔遺憾的事。生活不能只是跟著感覺走，一時

的衝動，也許當下十分愜意爽快，可是造成的缺憾則可能終生難以彌補，譬如超速開車而釀成嚴重車禍，傷人又傷己；又如出口傷人，罵得很痛快而覆水難收，造成親情、友情、愛情的決裂，實在是始料未及。

篤實是一種堅毅的表現，堅毅不是暴烈，堅毅不是自負，堅毅不是傲慢，堅毅是「臨事而懼，好謀而成。」「舉趾高，心不固矣。」墊著腳尖走路，一定不會沉穩而容易摔跌，做人做事當然要小心謹慎，不可以莽撞衝動，也不可以有虛驕身段、虛浮誇大、不切實際。

「慷慨成仁易，從容就義難。」篤實也是一種從容的行為。因為內心非常篤定，所以可以不慌不忙，臨危不亂，凡事盡其在我，問心無愧。別人的指責與批評如果是對的，篤實的人虛心接受，不應生氣；別人的指責與批評如果是不對的，既然是別人的錯，篤實的人不必生氣。對於別人的指責與批評，不管是對或不對，篤實的人都不會生氣。

篤實的人是守本分的人，做人做事絕不妥協、虛以委蛇。對就是對，不對就是不對，不會鄉愿、圓滑。圓滑不是圓融，圓融是圓滿融合，圓滑是圓通狡猾，前者有所為、有所不為，後者為了達到目的而無所不為。篤實的人有嚴謹的態度，淳厚樸實，真誠不欺，真實不假。誠實是一個人立身處世最可貴的品質，是一個人的第二生命，一個人如果因為不誠實而信用掃地，就很難立足社會。

篤實的人是個有自信的人，因為有自信，所以才能篤實。篤實的人處理事情的態度，因為有自信而能保持清明的智慧，不受紛紛擾擾的外界的蠱惑。有人說：「世上最遺憾的事，不是你一生有多匱乏，而是豐盛就在你眼前，你卻始終把眼閉上。」一把眼睛張開，放眼世界，現實的世界雖然不是很圓滿，但是我們可以失望，不可以絕望，我們對人生要充滿希望。穩健踏實，一步一腳印，總有一天會是柳暗花明，展現成功。

「繁華落盡見真淳」，青春美貌、功名富貴是許多人欽慕仰望的理想，但是只有在艷麗的美貌、顯貴的地位、雄大的財富消逝之後，才能見出真實的本性、樸實

的生命。繁華世界只是一場春夢。過年只是一天，日日是天天過，篤實的人生，才是真實的人生。淡定是篤實的作風，淡定的人在日常生活中，會是一直保持篤實的風格，平實而真實。

26
不是路已走到盡頭，而是該轉彎的時候

淡定是平和的心境

一個人的成功，不是因為ＩＱ高，而是因為ＥＱ高。ＩＱ代表一個人的聰明才智，ＥＱ代表一個人管理自己的能力以及和別人相處的能力。21世紀的顯學是情緒管理與人際溝通，這兩門課程都和ＥＱ有關。一個人的心境，決定一個人的處境，有怎樣的想法，就有怎樣的人生。

我們不能改變別人的作法，而可以改變自己的想法；我們不能改變環境，而可以改變心境。人與人之間的相處，每個人都會有自己的想法與作法，我們可以不同意別人的想法，但是我們應該尊重別人有他們自己的想法。獨臂難挽狂瀾，外在的環境往往不是我們可以掌控的，可是我們可以管理自己的心境。

人生的處境，有順有逆，遇到順境固然欣然，遇到逆境也要釋懷。轉念就能改運，「心之為用，大矣哉！」有好心情就有好事情；能開心就能開運；能夠改變心境，就能扭轉處境。總括一句話，改變心境，就改變人生。

一個人的觀念改變，態度就改變；態度改變，行為就改變；行為改變，個性就改變；個性改變，人生就改變。沒有人天生就會成功，沒有人天生就會失敗。一個人的成敗，不管是事業上、感情上、人際關係上，關鍵都在於自己的個性與心態。孫中山先生〈心理建設序〉一文說：「吾心信其可成，移山填海之難，亦成矣！吾心信其不可成，反掌折枝之易，亦難成矣！」事在人為，自己的命運掌握在自己的手中，你不爭取，沒有人能替你爭取；你不放棄，沒有人逼你放棄。

禍福自取，快樂與哀傷，也是由自己決定。很多志工、義工，出錢出力、奉獻犧牲，樂此不疲，不以苦為苦，何苦之有？相對的，很多年輕人，人在福中不之福，頹廢、墮落，不努力工作，成天抱怨社會沒有公平正義，政治貪污腐敗，不以樂為樂，何樂之有？

心寬路就寬。英國作家斐德利・藍布利說：「兩個人從同一個鐵窗往外看，一個人看到滿地泥濘，一個人看到滿天星辰。」我們可以把地獄打造成為天堂，也可以把天堂毀壞成地獄。一八九四年法國大將軍陶梅尼在前線作戰，被敵軍炮彈轟斷了一條腿。他出院返回部隊的時候，負責擦皮鞋的勤務兵看了之後嚇哭了。陶梅尼說：「哭什麼，你應該高興以後只要擦一隻皮鞋。」人生能像陶梅尼一樣豁達的人實在不多，所以很多人一直生活在愁雲慘霧之中，快樂不起來。

樂觀的人在挫折中發現機會，悲觀的人在成功中找挫折；樂觀的人發現問題後面的機會，悲觀的人發現機會前面的問題。我們若是沒有一顆豁達開朗的心，就會拼命鑽牛角尖，走入死胡同。「山窮水盡疑無路，柳暗花明又一村。」心念一轉，前途就會峰迴路轉，就怕自己死了心，缺少鬥志，缺少冒險的精神。

一個人最大的成功，不是戰勝別人而是戰勝自己，很多人的失敗，都是因為沒有信心，缺乏勇氣。馬克・吐溫說：「改變念頭，動手去做你最害怕的事，恐懼就會消失。」怕是唯一該怕的，事情往往沒有我們想像中得那麼嚴重，而是我們的想

法使事情變得很嚴重。我們每個人都像一棵樹，我們的想法、作法、生活、脾氣，就像樹上的枝葉，枝葉的榮枯，決定於樹根，我們的生命也是如此，一切由心造。

小時候，幸福是一件東西，擁有就幸福；長大了，幸福是一個目標，達到就幸福；通達人生後，幸福是一種心態，放下就幸福。擁有東西的喜悅是短暫的，不斷的欲望就有不斷的追求，當欲望不能逐一實現時，便會痛苦難過，而不再覺得幸福。人生的目標也是無止境的，走過千山萬水，前程又是萬水千山，如果不能知止、知足，就會像夸父逐日一樣，累死、渴死。真正的幸福，不在於擁有多少東西，而在於我們對所擁有東西的感覺。一個不滿足的人，擁有再多的財富、再大的聲譽，都覺得不夠。

想成功就要多用功，所謂的用功，不只是工作能力的培養，也包括心態的建立，除了主動、積極、樂觀、負責等成功法則，還要有豁達的胸襟和平和的心境。幸福來自內心的平和安祥，心靈的平和是人類幸福的根基，心境平和同時也是身體健康的根源。心情平靜，氣機和暢，血脈通達，新陳代謝平衡，身體自然康健。生氣對人體的傷害，比得流行性感冒還嚴重。

優雅閒適的生活，是很多人的生命理想。我們現在的工商社會，工作太緊張，生活壓力太大，很多人都是愁眉苦臉過日子，緊繃的臉擠不出一絲笑容。其實，人生不必過得這麼辛苦，少一份要求，多一份滿足。人生不是得到就是學到，凡事順其自然，不要有太多的罣礙。平淡是真，寧靜是福，以一種平和的心態看待人生各種的紛擾、糾葛，再繁瑣的結，解開之後都只是一條長線。

放寬心量，不要攀比，合理控制欲望，保持心態的平和、心情的快樂、心地的善良、心胸的開闊、心靈的純潔，好心情就會讓我們覺得好幸福。優雅的人生，是用一顆平靜的心、平和的心態、平實的生活呈現出來的。淡定是平和的心境，能夠淡定的人才能表現平和的心態，不會焦慮、躁急、容易衝動、容易被激怒，以平常的心看待人生的起伏、得失、禍福。

27 淡定是自由的心志

人生最大的財富是擁有一顆自由的心靈，擁有自由的心靈，才能享有幸福的人生。人生的存在，經常被放置在貪婪、恐懼與不安的環境之中，人除非從精神上得到完全的自由解放，否則對於生命的種種困惑、煩惱，沒有辦法根本上得到解決；只有把人從壓迫的狀態中解脫出來，恢復人類求生存、求創造的生命力，重獲個體心靈的自由，才能徹底解決人生所有的問題。因為一個人能夠給心靈一片自由的空間，徜徉於自得自在的人生至境，就能消除所有的情牽與物累。

生年不滿百，常懷千歲憂。從古到今，很少人能夠活過百歲，人生的大限，誰也躲不過；除此之外，人生還有許許多多的限制。人的欲望無盡，但是人的肚子所能裝的食物、喝的水，十分有限；天下的俊男美女很多，但是我們只能擇一而娶、選一而嫁；我們所喜歡的豪宅、名車，數不勝數，我們所能擁有的也極為有限。我們常常自己困住自己，我們常常執著在有無、得失、是非、禍福之間。

人的心靈所以不能自由，主要是受到先天或後天的限制，層層束縛；人生所以有悲苦、煩惱，主要是因為私心太重、欲望太多，以至造成心靈的蔽塞、人生的桎梏；我們要降低欲望，息止妄想，恢復心靈的覺察與寧靜，才能獲得心靈的自由和解脫。自由是對立的消解，當我們的內心充滿攀比、計較，充滿成心、偏見，心靈便受拘束而不得自由。

席勒《審美教育書簡》一書說：「透過自由去給予自由，這就是審美的國度。」不止藝術的審美是如此，人生的美化也是如此。我們都有做夢的經驗，所謂「日有所思，夜有所夢。」在現實生活中，我們不敢做的事，不敢說的話，不可能實現的理想，往往在夢境中一一出現，得到滿足、慰藉，滿足在現實生活中所受到的限制和壓抑。《莊子・齊物論》描述莊子夢為蝴蝶，「栩栩然胡（蝴）蝶也，自喻適志也。」蝴蝶的飛翔，是自由自在，不受任何束縛，不像人在現實生活中許多的糾葛、牽絆。莊子最得意的是，當他夢醒的時候，不知道是莊子夢為蝴蝶，還是

蝴蝶夢為莊子？儼然人與物俱化，物我不分，相合為一，這就是美感的世界。

美是獨立存在的個體，當我們置身在美感的情境中，看到一棵松樹，我們不會問它是什麼科？能做什麼？能賣多少錢？我們把自己化身為松樹昂然獨立、宏偉雄大。浸淫在美感當下，除了物的本身，我們不做其他的聯想。觀山則情溢於山，觀海則情溢於海。幸福在那裡？快樂是什麼？所謂的幸福與快樂，就是一心一意專注在一件事情上面，在聚精會神、專心一致的當時，時間彷彿停止流動，空間也不會變化，樂在其中就是幸福的美感。

自由是無待、無求與放下，莊子的理想國，是個無拘無束、無限開展的自然世界，像是展翅高飛的大鵬鳥悠遊在「無何有之鄉」、「廣莫之野」、「塵垢之外」、「無極之野」。

一般人宥於有形的、看得見的東西，以為看得見的東西才存在，以為世俗認為有用的東西，才是有用的東西。其實，很多存在的東西，我們是看不到的；很多世俗認為有用的東西，並不是真的有用。所謂有用、無用，並沒有定論，得其當則有用，不得其當則無用。

《莊子・逍遙遊》舉例，同樣不龜手的藥，宋國人只能拿來漂洗布料時使用，吳國的將軍則拿來和越國人打水戰，裂地而封侯。惠施拙於用大，有大瓠而無用，有大樹而無用，莊子則認為大瓠可以「慮以為大樽而浮乎江湖」，大樹可以「樹之於無何有之鄉，廣莫之野。」美是給心靈保留一片自由的空間，懂得無用之用是為大用，才能真正享受人生的大美。

自由是一種解放，忘記了形體，就沒有形體的痛苦；忘記了心知，就沒有心知的困惑。沒有形體的痛苦，也沒有心知的困惑，就是人生的至樂。莊子說：「忘足，屨之適也；忘腰，帶之適也；知忘是非，心之適也。」忘記了足，鞋子就舒適了；忘記了腰，帶子就舒適了；忘記了是非，心情就舒適了。

「津人操舟若神」、「呂梁丈夫蹈水」，他們都能順應自然的水性，遇到波浪就浮起來，遇到迴旋就沉下去，或沉或浮，都隨著水性，所以沒有生命的危險。酒醉的人墜車，雖疾不死，因為他「乘亦不知也，墜亦不知也，死生驚懼不入乎其胸中。」人的生死、得失、禍福，就像白天與晚上一樣，只是一種自然現象，得不必喜，失不必悲，能夠不斤斤於生死、得失、禍福，兩忘而化其道，才能夠將一切欲望、成見清除乾淨，而呈現心靈的大清明，而達到圓滿自足、不忮不求的人生至境。

淡定是自由的心志，淡定的人放得下得失、利害、禍福，所以能有一顆自由的心靈，讓幸福自動來敲門。自由的心靈是幸福的導航。心靈自由的人同時才能獲得健康與財富。有自由的心靈就能夠做財富的主人，而不會做財富的奴隸；有自由的心靈就能帶動身體的健康和平安。內心平順安定，外在才能豐富美滿。佛，弗人。佛為什麼不是人？佛沒有人的憂慮、恐懼與悲哀；人能修養到沒有憂慮、恐懼與不安，便能成佛了。放空自己，便得自由。淡定的人能夠放空自己，所以具有自由的心志。

28 淡定是自主的意識

一池平靜的春水，被頑皮的孩童丟入一顆顆的石頭，便激起一陣陣的漣漪；人心也是如此，人心被各種物欲、情慾所誘惑，也會動盪不安，甚至波濤洶湧。但是淡定的人看待事情，則能抱持一顆平淡、安定的心，從容篤定，處之泰然，即便泰山崩於前，也能神色自若，態度悠閒。

淡定是一種很高境界的修養，必須是嚐遍人間冷暖，經歷各種苦難考驗的人，才能看破、看透人間的得失、禍福。淡定是一門很高深的人生智慧，有些人到了臨終之際還不能醒悟萬般都是空幻、虛無。人生沒有放不下的事情，只有放不下的心情。

淡定是自主的意識，淡定的人有自由的意志，能夠做自己生命的主人，淡定的人處理任何事情，心裡都有定奪，想怎麼樣、不想怎麼樣，該怎麼樣、不該怎麼樣，都不會失了分寸。

人生最苦的是不能當家作主，處處受制於人。人身是不得自由的，我們並不是想如何就能如何？不想如何就能不如何？我們每天要見的人，未必是我們喜歡見的人；我們每天要做的事，未必是我們喜歡做的事；我們每天要說的話，未必是我們喜歡說的話。我們祝福別人心想事成、萬事如意，也只是祝福的話，因為人生本來就不能萬事如意，要什麼有什麼。

不能自主的人，就沒有自由可言。人生貴在獨立自主，走自己的路，人生最愉快的事，就是擁有一顆自由的心靈。心靈獲得自由，就能俯仰自得，隨遇而安。吃什麼，都是美味；穿什麼，都很舒適。

物質的條件，並不是幸福、快樂的最重要根源，我們從物質方面得到滿足，只是一時的、短暫的，心靈上的知足才是真正的滿足。而且如果一個人心裡得不到平安、喜樂，俗務煩心、焦躁，再好吃的東西也沒有胃口享受，再好聽的音樂也沒有心情享受。

一個人如果工作沒有自主性、生活沒有自主性，會是一個很可憐的人。要能從別人的束縛中解脫出來，才能快樂、愉悅。我們從小到學校接受教育，除了增長知識、培養能力外，最重要的是要學習獨立思考、獨立生活，做個能負責任的人——能為自己的行為負責任，能為自己的生命負責任。

一個有自主意識的人，並不是胡作非為的人，而是心中有一把尺，隨時衡量是非準則，什麼事該做？什麼事不該做？君子有所為、有所不為，小人無所不為。是對的才做，不對的就不做，不是什麼事都可以去做。

一個人的自主意識有時和社群的公共意識是衝突的、不和諧的，於是會產生矛盾、爭執、糾紛。我們應該要有智慧去判斷、調和、協商，取得平衡點。建立共識，求同存異，才是和平相處之道。

我們是生活在群體社會之中，人與人之間依存著或親或疏、或遠或近的關係。每個人要能自我做主，不依附別人，卻又不能置身於社會、家庭之外，自私自利，只顧自己的生活，罔顧別人的存在和需要。所以，自主意識並不是自私意識，自由意志並不是放蕩不羈，自主意識最重要的是要能夠做到自我情緒的控制。

人要依理性過生活，不能憑感情過日子。感情像是一匹脫韁的野馬，任性狂奔；如果沒有理性的約束，常常會踰越規矩、誤人誤己。做人是一件很辛苦的事，並不是我們想做什麼就能做什麼。做人在能忍、不能忍而已，這個「忍」字，就是要能控制自己的情緒。能夠做情緒的主人，才能做生命的主人；如果情緒當了主人，我們成了情緒的奴隸，就會很危險了。

很多人生活不開心，不全是物質上的缺憾，有錢的人、有地位的人，他們煩惱的事往往比窮人、沒有很高社會地位的人還要多。地位愈高的人愈膽小，有錢人家越多錢越沒有安全感，有時真的不如一窮二白的人快樂自在。當然，沒有錢過生活的人也是非常辛苦的，沒有一個餓肚子的人笑得出來。

自主意識強調對生命的嚮往與堅持，強調自己要有獨立的思考與生活，能夠自由自在，不受拘束與壓抑，然而最重要的是要建立信心，很多人擔心自己能力不足，怕做錯事，畏首畏尾。另外，具有自卑的心理、沒有成就感的人，只能躲在別人的陰影裡，而看不到自己生命的陽光。

淡定的人有自主意識，對自己深具信心，凡事自有主張，不會怯懦畏縮，不願受制於人，也不要依附於人，獨立自主，堅持走自己的路。當然，淡定的人也是很能控制自己情緒的人，不會放縱情慾，妄作非為，而是為所當為，不為所不當為。

29 淡定是自覺的勇氣

自覺是自我的覺醒。淡定的是能自覺的人，淡定的人所表現的沉穩、自信、果斷的人格特質，都是來自自覺的勇氣。人貴自知，人貴自覺，每個人都要能了解自己的性向與能力，每個人也要能自我省察，不踰規矩。

淡定是一種功夫，這種功夫來自自覺的修養。人只有透過不斷自覺的修養，才能給自己的人生設立明確的方向，才能修正、調整自己的生活與工作，不會走偏路徑，才能養成良好的行為規範，而有圓滿周全的人格涵養。

自覺是坦誠、真實的面對自己的生命，了解人在天地間的侷限，而如何能在有限中突破困境，追求無限。人生是有限的，我們只有有限的生命、有限的體力、有限的財富，我們只能在有限的條件，竭盡所能，追求有限裡的無限，而不能奢望在無限裡的無限。夸父逐日的神話，正是說明人力的有限，夸父渴死、餓死的結局，顯示人在老天面前永遠是輸家，人只能做人力所及的事。人生的痛苦，往往是因為除了管自己的事，還想去管別人的事、老天的事，想管的事太多，能管的事太少；想管而管不了的時候，就會有煩惱。淡定的人自覺，人只要管好自己的事，別想要去管別人的事、老天的事。管的事少了，人就輕鬆；管不到的事不用操心，人就自在。

人生雖然是有限的，每個人手中仍然持有一些籌碼。我們雖然不是擁有很多，但絕對不是一無所有。我們都可以有一些作為，除了安頓自己，而且還有使命與責任。人生的自覺，很重要的就是體悟到人與其他動物的不同。人除了與其他動物一樣追求生存的本能，人類有智慧、能思考、能判斷、能創造、能群體合作互助。人的自覺，除了體悟自我存在的價值，也了解尊重別人存在的意義。人在群體社會中，如何善盡自己的職責，成就自己，也成就別人，這是人在自覺之中，隨時要省思的課題。換言之，利己與利他的思想，是提昇生命價值的重要指標。

反省是進步的動力。《論語・學而》：「曾子曰：『吾日三省吾身，為人謀而不忠乎？與朋友交而不信乎？傳不習乎？』」「為人謀」與「與朋友交」，都是指人際關係；「傳不習乎」則指學業的學習，屬於自修方面。其實，人每天要反省的事情，是多方面的。我們所說的話、所做的事，林林總總，對與不對都應該逐一檢討，好的繼續保留，不好的就要改善。成功不是一個定點，而是不斷努力的過程。努力增加優點，努力減少缺點；努力增加助力，努力減少阻力。

反省要有勇氣，反省要有信心。很多人個性懦弱，因循苟且，明明知道自己有缺點，卻沒有勇氣去面對；遇到困難、挫折，也沒有勇氣接受挑戰。問題不會自動消失，問題只有解決之後才會消失。小問題沒有解決，就會累積成為大問題而更難解決。所有的大問題，原來都只是幾個小問題，因此建立行動的勇氣，是自我覺醒的重要環節。

自我覺醒，不全是錯的事、不好的事，有時也是對的事、好的事。對於對的事、好的事，我們要有信心擇善固執。即便有時別人會有不同的想法或看法，我們也不要人云亦云，跟隨別人的腳步起舞。自覺的意義，就是要有無比的勇氣堅持作自己，不輕易妥協，自覺是察覺自我生命的尊嚴。不是每個人都很有錢，都很有學問，都很美貌、健康；人性的尊嚴，不因財富、學問、美貌、健康而有差別，沒有人因為沒有錢、沒有學問、長得不漂亮、身體不健康，而可以被看不起。人性的尊嚴，來自自我的覺醒、自我的抉擇。自信的人，令人尊敬；自卑的人，被人瞧不起。

生命是一連串的挑戰，每個人都應該要勇敢承擔，不要怕失敗，不要怕被誤解、被污衊、被欺凌。生命的勇士在奮鬥的過程中，總要歷經坎坷難行的路，也許得不到安慰與鼓勵，也得不到肯定和讚賞；相對的，可能是令人難堪的指責、批評、挑剔、嘲諷。自覺的人有勇氣與信心，朝著既定的目標奮勇前進，堅持到底，不輕言放棄。

放棄只是一句話，堅持是一輩子的事。自覺的勇氣，是對生命缺憾的理解。人生本來就有很多缺口，我們要給生命的缺口找出口。人生的出口，在於自己的蛻變，自己的蛻變從自覺開始。

人生的底線可以不斷放寬拉長，不要自我設限。雖然人生是有限的，可是因為人類有智慧、肯學習，而且能夠不斷自我覺醒，所以可以不斷求進步，增長經驗、技能。不是每個人都長得漂亮，可是每個人都可以活得漂亮，人生所有的努力，就是為了活得漂亮。沒有人可以限制自己的成就，除非自我設限。

生鐵百鍊成鋼，人生也是如此。淡定的人沉穩、自信、果斷，在自覺中不斷惕勵自己、激勵自己，培養自己的能力，堅持百忍。淡定的人也是透過自覺的修養，醒悟人是靠自己救助自己，自助然後有天助，所以不會擺出一副可憐模樣，等待別人施捨、救助。人生沒有退路，只能勇敢向前，自覺的勇氣讓淡定的人知道人不是活著就好，要活就要活得很好，而如何才能活得很好呢？運勢如風，有好有壞，要靜觀其變。淡定的人不貪無求，學會放下，減少生活與工作的壓力，所以能夠活得快樂自在。

30 淡定是自得的閒適

忙完一天的工作，回到家靜靜的坐下來休息片刻，沏一壺熱茶慢慢品味，就是人生一大享受。我在新竹的課，有一天是晚上進修部的班級，晚上九點四十分下課，開車回台北，正常狀況是十一點鐘到家。如果家人正在看電視，不管是看新聞或是連續劇，看到我一身疲累，就會暫時把電視關機，知道我怕吵，知道我需要安靜。洗完澡，吃完飯，上床前，我最大的享受，就是沏一壺茶慢慢品茗，有人喝茶睡不著，我是不喝茶睡不著。

現在人的生活，緊張而忙碌，很多人像是有三頭六臂似的，身兼數職。有的是為了增加收入，有的則是身不由己，地位愈高，責任愈重。儘管休閒產業已經十分普及、發達，但是一般人仍然難得能夠偷取浮生一日閒，放下身邊煩瑣、惱人的工作，即便勉強安排與家人旅遊，或是與三五好友小聚，恐怕也是急急忙忙，放不下心。

有錢可以買到昂貴的珠寶，卻買不到悠閒的心情，閒趣不是用金錢可以買到的。老天很公平，雖然不是每個人都有錢、有地位，可是每個人都有權利享受生命，享受悠閒的生活。並不是有錢有勢的人才有條件享受悠閒的生活，相反的，高官巨賈有時候反而不如一般尋常百姓的自由自得、悠閒自在。很多人為名韁利鎖所羈絆而不能享受悠閒的清福，實在不如漁樵田夫的恬淡閑適。

有些人閒不住，一生勞碌命，就算沒事，也要找一些事情來做，否則一旦閒下來，就會出毛病。一般來說，老年人空閒的時間較多，打拼一輩子，晚年退休在家含飴弄孫，享受天倫，也是人之常情。不過，由於科技發達，大家也愈來愈重視養生，許多退休的老年人身體還很硬朗健壯，如果沒有安排適當的休閒活動，日子會很難過。因此，他們就到社區大學參加各種語文、才藝課程，或是參加公益活動，做社會服務單位的義工，不只可以打發時間，也可以得到知識的滿足和服務的快樂。做任何事，不計名、不求利、不急於求成，就會是個懂得閒趣的人。

做一個自己想做的人，做一個不假外求的人，就是自得的人，自得的人是活在自己生活裡的人，他是自己命運的主宰。人生的痛苦，往往是因為我們對外物、對別人依賴太重，偏偏外物、別人，都是自己不能掌握的變數。我們不能指望老天放晴，老天就會放晴；指望老天下雨，老天就會下雨。我們也沒有辦法期待家人、朋友、同事、長官，天天都是心情愉快，不亂發脾氣，不會把惡劣的心情轉嫁到我們身上。我們更不可能凡事順心如意，要圓就圓，要方就方。一個人對別人、對外物的希望愈多，失望也會愈多，人生貴在自得自足。

人生的道路，是孤獨而寂寞的，沒有人能陪我們走完一生。父母是最早和我們相處的人，也是關係最密切的人，但是父母比我們先行老化；夫妻、兒女也是關係很密切的人，但是也不能長相左右，生死與共。人生的相聚、相散，都是很難預料的；人生的道路，每個人都是踽踽獨行。即便有人相伴，自己的問題，多半也是要靠自己去解決。

人生的層層束縛，有些是與生俱來的，有些則是自己給自己加上的。束縛愈多，煩惱與痛苦就愈多。做人的快樂，在求得自由自在、無拘無束，我們想要花錢的時候，有足夠的錢可以花，我們就能很快樂。自得的人是懂得如何安排生活的人。緊繃的弦才能演奏出美妙的音樂，但是繃的太緊的弦，則有繃斷的危險。人生也是如此，人太鬆散，不能成事；人太緊張，也會造成身心的崩潰。人要適度的調整生命，活的自由自在的人，並不是整天不做事的人。人閒心多不閒，心閒不必有閒人。一個整天沒事可做的人，心裡閒的發慌，一定也很煩惱、難過。懂得規劃生活，才能忙裡偷閒，才是真正快樂的人。

每天過一樣的生活，不論怎樣舒適安逸，總會覺得單調乏味。自得的人是懂得享受生命的人，自得的人生，允動允靜，能忙能閒，動靜自如，忙閒隨心。人要自得，先要把生活壓力鬆弛一些，不要把自己弄的太忙。忙就會亂，亂就會慌，慌了就手足失措。

忙是現代人生活的特點之一，如果能不忙就不要太忙，如果非忙不可，也要忙得有條理，留一些迴旋的空間。喝茶，不是因為口渴，而是為了品嚐茶的清香或濃郁；抽菸，不是為了提神，而是為了享受裊裊的輕煙，無為無待、隨風飄逝。

要享受人生的閒趣，必須有兩個條件：一個是不急，一個是無求。為了休閒而休閒，急著把休閒當成一件工作去完成，很少能夠得到休閒的樂趣。休閒是為了放鬆心情、調節生活，無為、無求才能真正獲得自由、獲得快樂。

淡定的人是體悟自得閒趣的人，閒適恬淡而且優雅自在。人在閒靜之中，才能當家作主，做自己生命的主人，知道自己該做什麼？能做什麼？想做什麼？自得自足，沒有依靠，不假寄託，減低對外物、對別人的依賴，而擁有最寬、最廣的心靈世界。淡定的人是體悟自得閒趣的人，提得起，放得下，收放自如。

31 淡定是生活的體悟

唐朝賈島〈尋隱者不遇〉詩：「松下問童子，言師採藥去。只在此山中，雲深不知處。」賈島尋隱者不遇，隱者的弟子說他的師父採藥去了，去了那裡呢？就在此山中，但是不知道在山中的那個地方？這首短詩的可愛，就是人在山中，但是不知在山中的那裡？有一種若即若離，似有還無的感覺，洋溢在字裡行間。人生不也是如此嗎？一個人從出生到老死，都生活在這個世界上，也許有人一輩子不曾離開他從小生長的地方，但是大部分的人，都是浪跡天涯，從這個城市到另一個城市；從這個國家到另一個國家。人在他鄉異地，而心靈的寄託、歸屬，又在那裡呢？會是一直抱持作客他鄉的感覺呢？或是隨時融入客地，把他鄉當故鄉呢？

隨著科技的發達，交通的便捷，很多人為了工作、學業、家庭，往往需要告別故里，遠赴他鄉異國。生活的漂泊，也許充滿新鮮好奇，也許充滿無奈寂寥，生命的終極意義，到底為了什麼？恐怕很多人都沒有想過，也不會去想，像是「雲深不知處」，留下許多想像的空間，耐人尋味。

人生是一道難解的謎題，在百年的歲月中，從懵懵懂懂的幼童開始，人就不斷地在追求，使自己的生活更美好、更富足、更歡愉。求學、工作、組織家庭，每個人依自己的因緣、生活條件與能力，終其一生，奔波勞累，像潮水的起伏，得失互見。生、旦、淨、丑，演出歷史興衰的戲碼；喜、怒、哀、樂，譜成人生的樂章。

佛教《金剛經》：「一切有為法，如夢幻泡影，如露亦如電，應作如是觀。」人的一生常被外在的、有形的東西所迷惑，而看不見內在的、無形的本性與生活。凡是存在的都會消逝，只是遲早而已。人生最看不破的是生死障，如果連死都不怕，還有什麼可怕的呢？「萬里長城今猶在，不見當年秦始皇。」秦始皇當年派人到海上求長生不死靈藥，而今安在？春秋時代，齊景公登牛山，見齊國山河景色優美，感歎人如果不死多好，旁邊兩位臣子附和說，不只國君不想死，臣子也不想死。晏嬰說，他看見一個懦弱的國君，兩個諂媚的臣子，人如果不死，齊景公那有機會當國君。一個普通老百姓每天擔心農作都煩不完了，那還有心思想到生死的問題。

《西遊記‧悟空歌》：「天也空，地也空，人生邈邈在其中。日也空，月也空，東升西墜為誰功？金也空，銀也空，死後何曾在手中？妻也空，子也空，黃泉路上不相逢。名也空，權也空，轉眼荒郊土一封。」人生要非常豁達開朗，醒悟「好夢由來最易醒」的道理，人生最可貴的，不是得不到或是失去的事物，而是把握當下，活在現在。沒有比當下、現在最真實的東西。

一般人提到「四大皆空」，以為就是指「酒、色、財、氣」。其實在佛法裡指的是創造宇宙生命的「地、水、火、風」四大物質因素。《般若波羅蜜多心經》：「色即是空，空即是色，受想行識亦復如是。」所有色界皆從四大造作因緣聚集發生，既然四大皆空，所有知覺、受、想、行、識，當然也是虛妄不實。我們常常以虛為實，亂假為真。我們生活在這個世界上，每天接觸的許多人、事、物、花、鳥、蟲、魚，這些因緣具足而有的關係，並不是一成不變的，而是與時俱變。說人生無常，卻也是人生之常。淡定的人體悟這個道理，就能看淡、看破、不貪、無求，不與人爭是非。

唐朝杜秋娘〈金縷衣〉詩：「勸君莫惜金縷衣，勸君惜取少年時。有花堪折直須折，莫待無花空折枝。」這是一首很有名的勸喻詩，以「金縷衣」和「花」為喻，告誡世人要珍惜大好時光，不要辜負青春短暫，有錢可以買金縷衣，卻買不回青春年少。樹上有花可以摘取就要去摘取，不要等到花已凋零殆盡，才去折取空枝。人的一生追求的正是快樂多一點，遺憾少一點。不要在臨死之前，還有許多遺願未了。李白〈將進酒〉詩：「人生得意須盡歡，莫使金樽空對月。」經典名言，涵意深遠，不只是「且樂生前一杯酒，何須身後千載名。」（李白〈行路難〉三首之三）今朝有酒今朝醉，歡樂在今宵，及時狂歡取樂。李白的詩旨，一方面感歎人生無常、人生短苦，一方面勉勵世人要善待自己，不要太苛責自己，跟自己過不去。

蘇軾〈定風波〉詞：「莫聽穿林打葉聲，何妨吟嘯且徐行。竹杖芒鞋輕勝馬，誰怕？一簑煙雨任平生。料峭春風吹酒醒，微冷。山頭斜照卻相迎。回首向來蕭瑟處，歸去，也無風雨也無晴。」蘇東坡有一天午後出門，突然遇到一場大雨，沒有帶雨具，也不急著躲雨，只有一件簑衣，不懼料峭春風。人生就是要如此瀟灑、坦然，隨遇而安。人生的境遇很難預料，有風和日麗的時候，也有狂風暴雨的日子，不管是晴天或是風雨，總要坦然面對，「晴天雨天都是天，心情好，天天都是好天。」我們要學習蘇東坡通達自適的個性，一件簑衣就可以走遍天涯海角。

年過六十，已如夕陽西下，夕陽雖美，只在片刻。年過六十，不禁頻頻回首前塵。得也罷，失也罷，都已過去，只能追憶。過去是雜念，未來是妄想，只能把握當下，珍惜今朝，就算要迎著風，迎著雨，也要勇敢向前。

年少輕狂，中年為工作、家庭打拼，有歡笑，也有哀愁，編織成一幕幕難忘的經驗。努力過好當下，雙手不會是空的，回憶過去，雖然談不上豐功偉業，日子倒過得很踏實，在大學執教三十多年，教學、服務、研究，都略有成績，可堪告慰。

王維〈終南別業〉詩：「中歲頗好道，晚家南山陲。興來每獨往，勝事空自知。行到水窮處，坐看雲起時。偶然值林叟，談笑無還期。」人過六十，該是退休的年齡，不應該再汲汲營營，追求世俗的功名富貴。我很羨慕王維中年之後一心皈依佛門，無心世事，過著閒雲野鶴般的生活，任情散步，走到水流的盡頭，悠閒的坐下來，抬頭仰望浮雲在天上飄遊。這種悠然自得的心情，正是淡定的人對生活的體悟。

32 淡定是心胸的圓滿

有一天，我在執教的大學等電梯到研究室，遇到一位我教過的女學生，我關心的問：「妳大三了吧！」，印象中，她曾上過我大一的國文課，所以我這樣問。她回頭看了我一眼，說：「我現在是研一。」日子過得真快，我以為只是二、三年沒見，沒想到一晃眼已好幾年。接著她說：「我是您十年前的學生。大學畢業後我教了幾年書，現在回來唸研究所。老師當年年輕英俊，現在是又老、又醜、又黑、又胖。」我笑著說：「妳不只吃我豆腐，還吃豆腐干。」歲月不饒人，的確，當年剛拿到博士學位在大學執教，體重比現在少一、二十公斤，我不確定當年是不是很帥氣，但今日已是滿頭白髮，肚子也圓滾滾的。

人到中年，不只圓了肚子，也圓了心胸。在歷盡人世滄桑之後，對事情的處理態度，的確寬鬆許多、豁達許多。我生肖屬牛，又是金牛座，典型固執的個性，說好處是能夠堅持理想，不輕易妥協、放棄，說不好則是太拘泥、不知變通，常常跌得全身是傷。因為個性急切，遇到問題總想趕快解決，家母曾經告誡我，急著趕路會提早打烊。

因為性子急，事情好像永遠做不完，自己的生活很緊張，身邊的人也跟著緊張，與家人、朋友的相處，關係並不是很圓滿。年輕氣盛，不懂得反省，和家人的爭執，總覺得是自己受到委屈。現在回頭想一想，天下的道路不只有一條，如果當年不是那麼急切，學會割捨，一定可以少吃許多苦，少受許多折磨，少受許多傷害。

人生只有使用權，沒有所有權，一口氣呼出去而吸不回來的時候，就已成了下輩子。生命是很脆弱、無常的，誰能保證每天晚上上床之後，第二天都醒得過來，所以，生命的存在，都是老天給我們的恩澤，我們怎能不好好珍惜呢？

人生難得，每個生命的誕生，都是父母愛情的結晶。人有了生命、有了自主的

能力，就要惜緣惜福，不要虛度生活。每個人手中都有一些籌碼，都可以玩幾回人間遊戲。面對手中擁有的籌碼，有的人孤注一擲，有的人則十分小心謹慎。人生是揮霍不起的，在有限的生命中，總要小心謹慎，否則，一失足跌得粉身碎骨，就要遺憾終生了。

人生有夢最美，但是人生不能只是做夢而已，而是要努力築夢、圓夢，使美夢成真。成功不是用說的，而是要努力實踐，成功不會是天下掉下來的禮物，只有努力付出的人，才有機會品嚐成功甜蜜的果實。「晚上跳舞的老闆，常常會跳票；早上跑步的老闆，不會跑路。」貪圖玩樂的老闆，很難有成功的事業；努力鍛鍊身體的老闆，一定也努力開創事業。

人生的美夢，不應只是求得個人的健康、財富、地位，而應該有利他的思想，除了自己有能力過好生活，也希望能夠幫助很多人過好生活。所謂好生活，不只是物質的享受，也包括精神的愉悅、安定、富足。我個人認為，精神的愉悅、安定、富足，比物質的享受更重要，精神上不能愉悅、安定、富足，再多、再好的物質，也無心享受。我們寧可做窮的有錢人，不要做有錢的窮人，前者除了缺錢，什麼都不缺，後者除了有錢，什麼都沒有。

人生最重要的是求得一顆安定的心，俯仰無愧，寧可別人負我，不要我負別人。每一個人的因緣不同，適合自己的生活就是最好的生活，不是別人有的，我們也要有；別人沒有的，我們也不能有。窮的人不必裝闊，有錢的人也不必裝窮，平實最真實，該怎麼樣就怎麼樣、能怎麼樣就怎麼樣，不是想怎麼樣就怎麼樣。

我們想做的事很多，但想做的事未必是能做的事、該做的事，做任何事一定要求個心安理得，才不會逾越規矩，失去了分寸。在這瞬息萬變的世界中，保持清明的頭腦是很重要的，有清明的頭腦，才能知道那些事情該做？那些事情不該做？那些事情該先做？那些事情可以慢慢做？我們要求得圓滿的人生，懂得做人做事的道理，是很重要的。「物有本末，事有終始，知所先後，則近道矣！」如果我們不能把握核心價值，知所取捨、進退，便會倉皇失措、緊張、憂鬱、惶恐、不安，這樣的人怎麼能夠獲得圓滿的人生呢？

「心有千千結，窗外有藍天。」人常常是自己困住自己，沒事找事，問題往往不是很嚴重，是我們的想法使問題變得非常嚴重。

快樂其實很簡單，當我們專注在一件事情，樂在其中，當下就是人生最美妙的時刻。我們常常心有旁騖，很多的雜慮使我們不能集中精神去做一件事，事情做不好，心裡很愁苦，沒有心情做事情，心裡也很鬱悶，這樣的人怎會是快樂的人呢？

我們應該培養一種好習慣，一個時間只求做好一件事，不要貪多、不要急躁，慢工出細活，成功是急不來的，水到而後渠成，水果還不成熟，一定是酸澀而難以入口。如果我們有太多的思慮縈繞心頭，最好拿出紙筆，逐一記錄釐清，就能理出頭緒，有所定奪。不要讓混亂的思緒糾纏打結，跳脫不出來，徒增煩惱和痛苦。

煩惱於事無補，只是我們為問題多支付的利息。煩惱不能解決問題，解決問題要從勇敢面對、冷靜分析開始。天無絕人之路，有隧道就有出口，沒有解決不了的事情，只有過不了的心情，所以只要心情不被打敗，就沒有打不敗的難題。淡定的人最大的人格特質是沉穩，沉穩是處理事情最好的態度。很多人一碰到問題，就慌了手腳，當然就不能很平和的處理好事情了。

我有一枚翠玉戒子，是很多年前到雲南昆明、大理旅遊時買的，很多朋友看了都很喜愛，我也十分珍惜。前一陣子，我二十幾年前教過的學生到我家裡玩，師徒二人下棋對奕，我的學生回了一步棋，我一時心急，右手一拍，竟將戴著的翠玉戒子拍出一道裂痕，令我十分心疼。我依然十分珍惜這枚翠玉戒子，不過多了一分警惕，告誡自己不要再太衝突。淡定的人就是因為沉得住氣，凡事從容、悠然，不疾不徐，所以才能夠享有圓滿的人生。

33 淡定是個性的通達

淡定的人個性沉穩安定，不會大喜大悲，生活狂亂，在平靜的生活中，循序漸進，條理井然，生活平淡而富足愉悅。淡定的人體悟到生命的有限、生命的無常、生命的多難，而能有通達的想法與作法，對生命懷抱希望而不奢望，需求而不貪求，因為需求不多，所以很容易滿足。

人生有很多缺口、很多不圓滿，人並不是想怎麼樣就能怎麼樣，老天常常喜歡作弄人，想得到的和能得到的，都不一樣，令人啼笑皆非。而且人生總有一些的苦，有人為健康所苦，有人為金錢所苦，有人為感情所苦，有人為工作所苦……，各有各的苦。所謂金無十足，人無十全，人生難免都會有一些缺憾，只是有的人苦多一點，有的人苦少一點，有的人能吃很大的苦，有的人只能吃一點苦。

宋朝大文學家蘇東坡是個十分通達的人，首先，他對人生的無常能夠逆來順受。〈澠池懷舊〉詩：「人生到處知何似？恰似飛鴻踏雪泥。泥上偶然留指爪，鴻飛那復計東西。」人生就像飛鴻一樣，漂泊不定。其次，面對人生的悲歡離合，就像月亮的陰晴圓缺，都只是自然的現象，是無可奈何的事，必須坦然接受。〈水調歌頭〉詞：「人有悲歡離合，月有陰晴圓缺。此事古難全，但願人長久，千里共嬋娟。」蘇東坡在中秋夜懷念弟弟子由，有感而發，只寄望兄弟二人能活得長長久久，總有一天能再見面。

既然人生的苦難是難免的，我們必須勇於承擔，勇敢面對挑戰。「說人生無常，卻也是人生之常。」把人生的無常視為人生的常態，心就釋懷了。台灣法鼓山聖嚴上人曾經說：「我們常說人生不如意事十常八九，既然如此，遇到不如意的事，不正如我們所意嗎？以不如意為如意，人生還有什麼不如意。」我們平常所在意的事情，如果把時間拉長，把空間放大，就不會再在意了。就像一把鹽放在一個杯子裡和一個池子裡，鹹度不同。只要我們擴大心胸，轉個念頭，人生的苦並不像

意料中的那麼苦。

法國大文豪雨果說：「世界最寬廣的是海洋，比海洋寬廣的是天空，比天空寬廣的是人的心胸。」人的心可大可小，只要我們有一顆豁達寬闊的心，任何的困難、挫折，都可以迎刃而解。

我們常常給自己設定的規則卡住了，放寬心胸看待萬事萬物，人生實在沒有什麼非如何、非不如何的事。肚子餓了要吃東西，沒有人規定只能吃飯不能吃麵；只能吃魚肉，不能只吃青菜水果；只能十二點鐘吃午餐，不能十一點半或十二點半吃午餐……。生活不是只有一種方程式，讓生活更有彈性、更多選擇、生命會更活潑、更有生氣。

苦難使生命深邃，不經一番寒澈骨，焉得梅花撲鼻香？生命最艱困的歲月，令我們成長最多。苦難是老天的恩典，人要藉由苦難而成長、成熟。

苦難只是一念之轉，不以苦為苦，何苦之有？不以樂為樂，何樂之有？我們要有正向的思考，把吃苦當吃補。如果苦難是不可避免的，與其愁眉苦臉的過一天，不如歡欣笑顏的過一天。

船翻了，不能只是坐著哭。遇到難題，憂傷於事無補。挫折是成長的動力，沒有悲苦，不足以談人生，人要吃苦才知道甜的滋味。苦難是老天賞賜我們修行的機會。孟子說：「生於憂患，死於安樂。」並不是說在憂患中就能生存，在安樂中就會滅亡。而是憂患中能激發鬥志，便能邁向成功，在安樂中耽於享受則易趨於滅亡。使人成功或失敗的因素，不在所處的環境是憂患或是安樂，而是能否激發努力奮起的鬥志，有之則生，無之則亡。

生命的智慧，往往來自苦難的磨練，沒有挫折苦難的磨練，就沒有圓融通達的智慧，一個人由平凡到偉大，一定要經過很多次苦難的洗禮，苦難提供一個人改變命運的機會。老天對我們的考驗，不是上天堂，就是下地獄，苦難是一個偉大的字眼，沒有苦難，不能成就英雄。

世界變動不羈，我們一方面要以變應變，一方面要以不變應萬變。天地萬物雖然變幻莫測，但是變的是現象，不變的是原理原則。春、夏、秋、冬、日夜的更替是變，但是春去夏來，秋去冬來，日夜循環，則是不變的原則。我們要守經達變，該變就變，不該變就不必變，不是都要變，或是都不變。

改變能改變的，是勇氣；不改變能改變的，是懦弱；知道什麼可以改變、什麼則不能改變，是智慧。改變不一定更好，但是不改變一定不能更好。我們不能改變天氣，但是我們可以鍛鍊身體；我們不能改變別人的做法，但是我們可以改變自己的想法。改變，從自己做起。

一個人的成功與否，不在於運氣好不好，而在於是不是有一顆豁達的心、通達的個性，能夠坦然面對人生的苦難，愈挫愈勇，屢仆屢起，達到最後的成功。每個人都有自己的人生觀照，樂觀的人認為人生充滿希望，悲觀的人認為人生充滿失望，甚至是絕望；樂觀的人認為只要充滿信心，努力不懈，最後一定會成功，悲觀的人認為運氣不好的人怎麼努力都不會成功，運氣好的人不費吹灰之力就能平步青雲。

的確，運氣有好、有壞，但是運氣的好壞，不是我們所能掌握的，努力是我們的責任，成功與否，交給上帝。通達的人樂天知命，凡事盡其在我，向自己的生命負責，向自己的行為負責。很多人所以不快樂，是因為除了管自己的事，還要管老天的事、管別人的事，管的事太多了，管不過來，便會很難過。通達的人知道「各人吃飯各人飽，各人業力各人了。」先求自己成功，等到有能力後就幫助別人成功。同時，面對人生的苦難，能夠勇敢承擔，欣然接受，而不會抱怨、憤恨。

通達的人不是不會失敗，但是他們相信自己所經歷過的失敗都是通往成功的必經之路。挫敗增加生命的厚度，不能打敗失敗，就會被失敗打敗。通達的人遇到失敗，不會怨天尤人，運氣不好，只是懶人的託辭。

淡定的人有通達的個性，能夠坦然面對人生中許多無可奈何的事。淡定的人知道人生是有限的，而能夠在有限中追求無限。一般人寄望無中求有，淡定的人則是在有中求更多。淡定的人十分務實，非常理性，不求得不到的，而求能得到的，而且能夠更為美好。

34

淡定是平實的追求

淡定的人沉穩踏實，給人的感覺是不爭、無求。淡定的人是很有智慧的人，淡定的人往往曾走過高山大水，歷經人生的得失榮辱，由絢爛歸於平淡，所以能夠看破世俗的榮華富貴，不再迷戀燈紅酒綠的奢華生活。

淡定的人很清楚爭是沒有用的、爭未必能得到，即便爭到了，也要付出相對的代價。老子說：「不爭，無尤。」不爭的人不會有怨尤。為什麼不爭的人不會有怨尤呢？因為不爭的人不會有是非，不會有得失。任何的爭執、爭奪，一定有勝有負，有得有失，有是有非，勝的一方，固然心存喜悅，敗的一方，必然心夾怨恨，找機會尋仇報復，冤冤相報，沒完沒了。爭敗的人心裡難過，爭勝的人快樂也沒多久，整天提心吊膽，怕被報復，當然也快樂不起來。另外，喜歡爭強好勝的人，不會爭贏一次就罷休，他會不斷去追求新的勝利，天下沒有永遠的贏家，總有一天會自食惡果。

淡定的人不是沒有能力與人爭，也不是不屑與人爭，而是不願與人爭，因為爭未必贏，爭贏也未必有好處，不如謙下退讓，無得無失，逍遙自在。淡定的人，雲淡風輕，不與人爭，和淡定的人相處沒有壓力，也不會有壓迫感。

淡定的人不只不爭，也是無求。「求不得苦」為人生八苦之一，想得到而得不到，是很苦的事。人生誰最大？不求人的人最大，一個人對天地、對別人要求愈少，愈有尊嚴。當我們的手心是向下而不是向上，是施捨而不是求取的時候，才有尊嚴可言。所謂「登山難，求人更難。」便是這個道理。蘇東坡詩：「耕者欲雨刈者晴，去者順風來者逆。若使人人禱輒應，造物應須日千變。」順了姑意，逆了嫂意，造物的神都不能一一滿足每個人的心願，我們怎能還貪求無饜。

求不得苦，求得也未必是福。人心不足，蛇吞象。一個人如果不能知止、知足，就會貪得無饜，愈陷愈深，無以自拔。當然，放下不是放下生命的所有，而是

放下生命的多餘，放下讓我們不愉快的人、事、物。放下不是放棄，放下是放下貪求，不是放下需求；放下是放下奢望，不是放下希望。

簡單為美。生活本來可以很簡單，只是我們把它複雜化了。所謂美感經驗，是指情趣意象化，或意象情趣化時，那種獨立、絕緣、無為無求的狀態。我們在欣賞一棵古松時，我們不會想到它是屬於那一科？能做什麼用？能賣多少錢？完全脫離實用的、現實中的世界，而完完全全置身在美的情境之中。

多則惑。太多的選擇，不只令我們困惑，也是煩惱的根源。我們小時候上學穿制服，起床後換上制服，很快就可以上學，現在滿櫥子的衣服，每次出門為穿那一件襯衫、配那一條褲子、打那一條領帶，煩惱不已。淡定的人為什麼很篤定，因為他們立身處事都很簡單，誠懇、真實、不說假話、不做假事、不圖虛名；他們的生活起居也很簡單，不鋪張、不奢華、平實真誠，做一個平凡的人，處理平常的事，過平淡的生活，享受平靜的心情，達到平安的目的。

淡定的人雖然在很多方面看起來很平淡，但不是淡而無味，而是淡而有味，在平淡之中也有幾分執著，腳踏實地，非常務實，絕不是牆頭草，兩邊倒，沒有原則、沒有個性的人。

務實的人給人信心、給人信任，穩定的感覺值得託付重任。創業的人除了熱情，更要務實，對於市場調查、資金、技術、營運都要有通盤的考量，才不會功虧一簣。有務實的精神，才有競爭力。我們看到很多創業失敗的人，都是說的多，做的少，多流口水而少流汗水。務實的作風，貴在求真、求善、求美，配合現實而追求卓越的未來。

務實並不是守舊、本位，屈服於現實，而是精益求精，創新發展，考量現實的條件，追求永續卓越。有些人天真浪漫，整天胡思亂想，不切實際，就像踩在雲端，飄忽不定，這種人心存夢幻，想的多，做的少，只會唱高調，很難成就事業。

人生有夢最美，但更重要的是築夢踏實。要使美夢成真，一定要一步一腳印，穩健踏實，勇往前行。人生的理想愈高遠，所會遇到的挫折就會愈多、愈大。苦難是一所學校，只有意志堅強的人才能畢業。出門不可能不碰到紅燈，路途愈遙遠，所會碰到的紅燈就愈多，我們不怕有困難，只怕沒有解決困難的能力。

踏實的人生態度，來自內心的沉穩。心有定見，才不會三心兩意、迷失困惑，才可以朝既定目標，有條不紊、循序漸進的前進，直至成功。

人生的道路不會一直是平順的，唯有穩健踏實的人才能堅持信念，不屈不撓，才能走出自己的人生坦途。成功沒有捷徑，有小聰明的人總想一步登天，結果多半事與願違。

誠信是一個人立身處世最重要的原則，一個講誠信的人，才會被信任，才會被託付重任。信實是最好的做人態度，因為實在，所以自在，白天不做虧心事，半夜不怕鬼敲門。一個人能做到信實的修養，就能得性情之正，父慈子孝，兄友弟恭，長幼有序，與朋友交往，言而有信。相反的，一個不講信實的人，做人不實在，一

定得不到別人的信任，很難擁有良好的人際關係。

商人重利是無可厚非的，但是為了利益而傷了信譽，是得不償失。得逞於一時，不會得逞於一世。別人只會上當受騙一次，不會每次都上當受騙。有些商家做生意，欺侮外地的生客，只做一棒子的生意，不只是傷了自家的商譽，也傷害外地人對當地的觀感。一個人創業講信實，誠誠懇懇，實實在在，必然心安理得，生意興隆。

淡定的人追求平淡、平實、平凡的生活，平實最真實，過年只是一天，日子是天天過，因為每天都活得很精彩，所以一生才能很光彩。淡定的人不喜歡誇大、虛浮、張揚，而是非常重視務實、踏實、信實，不會隨波逐流。學會淡定，才能輕鬆以行，發現生命的快樂就在身邊，唾手可得，不必刻意去追求；學會淡定，內心十分平靜，不浮躁、不鬱悶，面對人生的得失禍福坦然釋懷。而更為重要的是，淡定的人能在平凡中顯出不凡，在平實中發現真實，在平淡中感受至味。樂在其中，幸福圓滿。

附錄一

朱榮智教授人生雋語——論成功

聰明的人相信笨功夫，笨的人相信小聰明。

◆老天不會虧待努力的人。

◆努力過的雙手，不會是空白的。

◆不要逞強，但要勉強；不要苛求，但要要求，把壓力當推力、動力。

◆一個人成就有多大，全看他想成功的心有多強烈。

◆給自己一個想成功的理由，給自己一個相信能成功的原因。

◆咬住成功不放，一定能成功。

◆痛苦的淚水，是激發我們成長的甘泉。

◆力量來自渴望，成功來自堅持。

◆事情不是有做就好，要做就要做到最好。

◆所有的失敗都是通往成功的必經之路，堅持是成功的不二法門。

◆不肯付出的人，一無所有。

◆進廚房，不要怕熱；想成功，不要怕挫折。

◆一個人成就的多少，不在於得到多少，而在於付出多少。

◆做大事業的人，要有大心胸、大氣度、大格局。

◆受苦是錘鍊、考驗與挑戰。

◆做大事業的人，格局要大，心要寬，氣要和。

◆成功不是用說的，不是用想的，而是用做的。

◆成功來自對成功的渴望。

◆想如何成功？全看自己如何努力。

◆遲來比不來好。

◆勇氣＋決心＋毅力＝成功。

◆企圖心＋行動力＝成功。

◆成功不是運氣好，而是比別人更努力。

◆有特色才能出色；不只是第一，而且是唯一。

◆力爭上游，努力擠進成功者的行列。

◆命好不如習慣好，努力做好現在正在做的事。

◆努力不是只掛在嘴上，而是要實際行動。

◆成功來自十個向度：長度（目標），寬度（視野），高度（立場），深度（學問），廣度（見識），厚度（胸襟），硬度（信心），軟度（心態），韌度（毅力），強度（勇氣）。

◆努力擠進富人（成功者）堆裡，就算是最後一名，也還是富人（成功者）。

◆力爭上游，永不放棄。

◆變不一定更好，不變一定不能更好。

◆成功的人找機會，失敗的人找理由。

◆目標集中，力量才能集中。

◆重視小事的人，才能成就大事。

◆成功的祕訣，在於持續的努力，直到成功為止。

◆愉快的人格，是成功的靈魂。

◆成功者的特質，是勤於學習。

◆成功的關鍵，在於主動，積極、樂觀、負責。

◆有想成功的心，才有機會成功。

◆有急迫感，才會有成就感。

◆成功是難得的，所以要努力追求，永不放棄。

◆成功者的人格特質，是一旦下了決心，就立刻開始行動。

◆心動就要馬上行動，猶豫不決的人不能成就大事業。

◆勇敢逐夢，快樂圓夢。

◆不滿足是進步的動力。

◆成功的人把握機會、創造機會，失敗的人等待機會、錯失機會。

◆一鼓作氣，打鐵要趁熱。

◆別人能，我們也能，只要同樣付出，同樣努力。

◆善用自己的優點，改正自己的缺點，就能邁向成功。

◆今天不能，不要明天還不能。

◆拿什麼牌很重要，打什麼牌更重要。

◆拿一副好牌打贏沒有了不起，拿一副壞牌而能打贏才了不起。

◆拿好牌是運氣，打好牌是能力。

◆多一分努力，多一分成功的機會。

◆本性自足，只是人不自知而已。

◆有錢的人是努力想要有錢的人。

◆腦袋不空，口袋就不會空。

◆我們沒有看見餓肚子的人而笑的出來。

◆設定目標→擬定計畫→努力實踐→堅持到底＝成功。

◆團結力量大，努力跟人氣旺的人合作。

◆積少成多，聚砂成塔。

◆乘勢、順勢、造勢，抓住機會。

◆借力使力，從善如流。

◆堅持到底，必會成功。

◆向上攀升，日新月異。

◆成功三本：本錢、本事、本人。

◆生命在期待中擁抱成功的願景。

◆所有成功的人，都是水裡來、火裡去的人。

◆貴人不只是幫助我們的人，也是刺激我們，使我們成為有用的人。

◆小事做不好，大事難有成。

◆人生因堅持而美麗。

◆聰明的老闆給員工活力，不聰明的老闆給員工壓力。

◆用功才能成功，用力就會有力。

◆英雄的定義，就是能夠解決一般人不能解決的問題的人。

◆自信的人，命好；個性開朗的人，事業不成功也難。

◆成功是每個生命的自我完成，一個不被尊重的主管，不如一個負責的工友。

◆真正的成功，不只是個人的成功，而且是能幫別人一起成功。

◆沒有不可能，永遠有可能。

◆沒有做不到，永遠有可能做到。

◆勇敢築夢，努力圓夢。

◆失敗的人唉聲嘆氣，成功的人努力爭氣。

◆跌倒，不能只是坐著哭，必須想辦法自己爬起來。

◆成功是優點的發揮，失敗是缺點的累積。

◆羨慕別人成功，不如自己努力爭取勝利。

◆不能實現的理想，只是空想、幻想。

◆全力以赴的精神，是成功的要件。

◆熱忱與堅持，是一個人成就事業的兩大基石。

◆有能力就有機會。

◆想成功的人才能成功，怕失敗的人一定失敗。

◆等機會，永遠沒有機會。

◆蜘蛛有一張緊密的網，所以能坐享其成。

◆我們因為站在巨人的肩膀，所以能比巨人高。

◆多一種語言，多一隻手；多一種能力，多一種機會。

◆願有多大，成就就有多大。

◆聰明的人找比他聰明的人一起做事。

◆聰明的人相信笨功夫，笨的人相信小聰明。

◆一個不屑做小事的人，沒有機會做大事。

◆真正的英雄，是以平常心看待不平常的事。

◆沒有成功，不是沒有能力，而是沒有努力；不是沒有努力，而是沒有盡力。

◆運氣，是成功者的謙辭，卻是失敗者的藉口。

◆包容是王者的風範、成功者的特徵。

◆等待，是空耗生命；等待，是浪費時間。努力要及時。

◆工作進度慢沒有關係，不要停滯就好。

◆遇到挫折時，往好處想，樂觀就能達觀。

◆時機不好嗎？什麼時候時機曾經好過？

◆形象就是品牌，塑造好形象，成就好品牌。

◆潛能無限，不要設限。

◆「不可能」是懶者的託辭，「一定可能」是勇者的志氣。

◆金子在腳下，還要彎腰去撿；何況金礦深藏地層，怎能不努力。

◆積極進取，滿懷熱情，是成功者的人格特質。

附錄二

朱榮智教授人生雋語——論人生

人生的出口，在於自己的蛻變。

◆人生的底線，可以不斷放寬拉長，不要自我設限。

◆人生自有方圓，我們想把圓的變方，把方的變圓，是不懂得自然的法則。

◆高山的背後是深谷，禍福相倚相成。

◆人生苦短要珍惜，人生無常要把握，人生多難要小心。

◆人生所追求的，是在臨走之前，快樂多一點，遺憾少一點。

◆漲潮是低潮的開始，用平常心看待人生的得失。

◆人生獨來獨往，人是靠自己救助自己。

◆天下的動亂，起於爭求；人生的痛苦，源於慾望太多。

◆平常心是道，不完美是人間的真相。

◆人生所有的努力，是為了活的漂亮。

◆人生的終極目標，是自由自在、自得自足。

◆人生最重要的是要有旺盛的鬥志。

◆一個沒有希望的人生，是悲慘的人生。

◆不圓滿，是人生的真相。十全十美是九全九美，加一個不全不美。

◆人生不只要過完，而且要過好。

◆人生是計較不完的，你不跟別人計較，別人也不會跟你計較。

◆人生沒有退路，只能向前。

◆生鐵百鍊成鋼，人生亦是如此。

◆人生有目標，行為就不會有偏差。

◆面對人生的挑戰與苦難，只能勇敢以對，全力以赴。

◆本性自足，只是人不自知而已。

◆人生之路，從不平坦。

◆運勢如風，有好有壞，靜觀其變。

◆轉個彎，世界更寬廣。

◆想擁有全世界，先要擁有自己。

◆逢其時，得其位。人要盡力爭取到好位置。

◆非常之人開創非常之事業。

◆有人因為遺失護照而趕不上失事的飛機，人生禍福難料。

◆很多人一面吃魚、吃肉，一面嫌魚腥、肉臭，都是因為日子太好過了，才會覺得人生很無聊。

◆不要捨不得孩子吃苦，那會害孩子永遠長不大。

◆不要給孩子太多的保護，孩子將永遠學不到教訓。

◆豐富而美麗的人生，不會是天上掉下來的禮物。

◆對與不對，沒有絕對，都是相對。

◆有人把人生比喻為一場鬧劇，有時吵鬧，有時胡鬧。

◆老是求人幫忙的人，終是矮人一截。

◆人生如潮水，起起落落，得得失失。

◆人生苦短，何苦計較？放輕鬆，壓力是自找的。

◆凡物皆有定時。

◆面對光明，黑暗就在我們後面。

◆人不能不自省，卻也不必太自責。

◆紀律是解決人生問題非常重要的工具。

◆人生像拼拼圖，圖片愈多，景色愈美麗，難度也愈高。

◆人生實在沒有什麼可怕的，所以不必怕。

◆人生本來就不一樣，我們怎麼能強人所難。

◆一切有所為，如夢幻泡影，不要拘泥執著。

◆一隻燕子不能成為春天，一朵花不能成為花園。

◆人生沒有過不了的關卡。

◆坦然面對，勇敢以赴。

◆有人只是作夢，有人不敢作夢，有人則能築夢、圓夢。

◆人生最重要的是求得一顆安定的心。

◆人生的加減，加法是成長，減法是成熟。
◆人生到處有風景。
◆人生如牌局，每一次輸贏都不影響下次的輸贏。
◆把人生比喻為藝術雕塑，就是割捨沒有用的部分，而留下最有價值的部分。
◆人生只買單程票，而沒有買來回票，好好珍惜。
◆人只有從精神上得到完全的釋放，才能解決人生所有的問題。
◆路是人走出來，不要猶豫、不要畏怯、不要停滯。
◆人生像一場馬拉松比賽，不是看誰第一個衝出去，而是看誰第一個跑到終點。
◆沒有下不停的雨，沒有黎明不到的夜晚。
◆豁達是放開心胸，坦然面對人生的悲歡離合、喜怒哀樂。
◆我們常說人生不如意事十常八、九，那麼遇到不如意，不正如我們所意嗎？
◆以不如意為如意，人生還有什麼不如意。
◆人生像一本支票簿，支票的價值靠自己去填寫。

◆人生的痛苦，往往因為私心太重、慾望太多。

◆如果人生是來受苦的，也要因為我們所受的苦，而使別人不必再受同樣的苦。

◆人生如戰場、如競技場、如運動場、如遊樂場、如秀場。

◆人生是計較不完的，你不跟別人算計，別人也不會跟你算計。

◆如果把人生當作一題數學題，在加加減減之後，到底是正數或負數？

◆每一個時代都是最好的時代，也是最壞的時代。所謂的好壞，存乎一心而已。

◆人生如一把二弦琴，有人只能拉出幾個單音，有人卻能拉出一首美妙的音樂。

◆堅持、堅強、堅定，人生一定能有一番作為。

◆老天對每個人的要求不同。

◆積極面對挑戰，輕鬆看待人生。

◆人不因為歲月的累積而老化，因為失去理想而老化。

◆做人要沉穩，不能太急切。

◆人不因為美麗而可愛，是因為可愛而美麗。

◆凡事都會過去。

◆淺水潺潺，深水默默。

◆人生像是黃金一樣，要經過燒、烤、切、磨，才看得出純度。

◆不要小看自己，人生有無限的可能。

◆人生最大的財富，是自由的心靈。

◆人生是從清純回到清純的過程。

◆人生是抽取式衛生紙，總有一天會抽完。

◆把無趣的事變有趣，人生就會很有趣。

◆人生有智慧，行為才會有準則。

◆美化人生從淨化人心開始。

◆物化加速腐化，簡化才能美化。

◆人生的風景，不會只有一種顏色。

◆能夠面對人生的逆境，才有資格享受人生的順境。

◆人字一長一短，每個人都有一些優點，也有一些缺點。

健康養生小百科好書推薦

圖解特效養生36大穴
NT：300（附DVD）

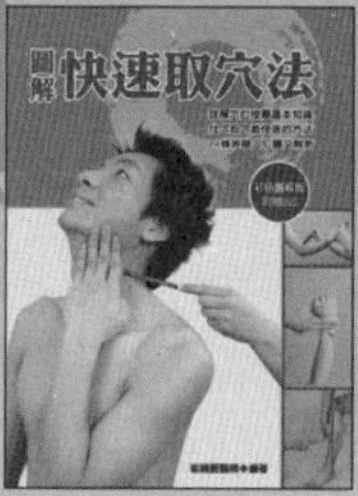

圖解快速取穴法
NT：300（附DVD）

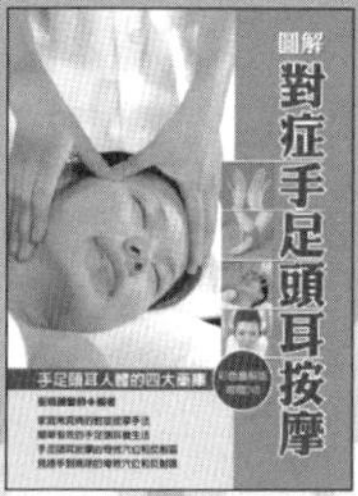

圖解對症手足頭耳按摩
NT：300（附DVD）

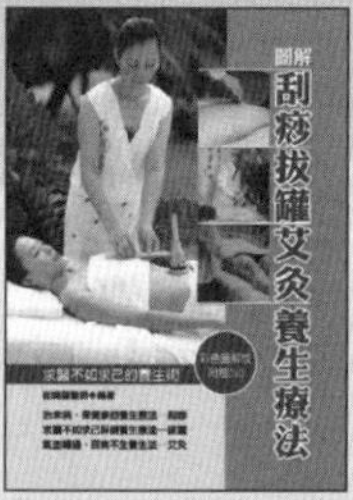

圖解刮痧拔罐艾灸養生療法
NT：300（附DVD）

一味中藥補養全家
NT：280

本草綱目食物養生圖鑑
NT：300

選對中藥養好身
NT：300

餐桌上的抗癌食品
NT：280

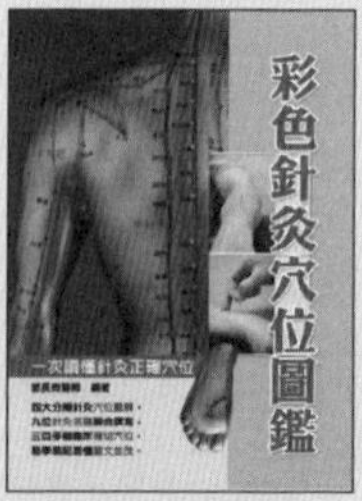

彩色針灸穴位圖鑑
NT：280

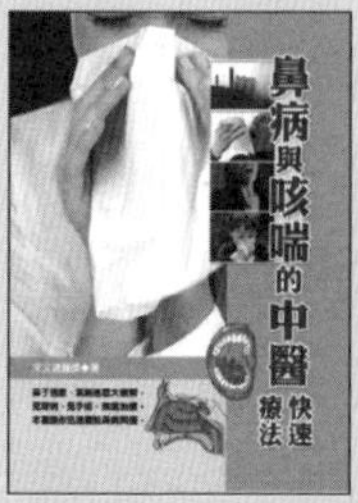

鼻病與咳喘的中醫快速療法
NT：300

拍拍打打養五臟
NT：300

五色食物養五臟
NT：280

華志文化事業有限公司

HUACHIH CULTURE CO., LTD

116 台北市文山區興隆路 4 段 96 巷 3 弄 6 號 4 樓
E-mail： huachihbook@yahoo.com.tw　電話：(886-2)22341779

【華志 2013-3 月圖書目錄】

書號	書名	定價	書號	書名	定價
		健康養生小百科 18K			
A001	圖解特效養生 36 大穴	300 元	A002	圖解快速取穴法	300 元
A003	圖解對症手足頭耳按摩	300 元	A004	圖解刮痧、拔罐、艾灸養生療法	300 元
A005	一味中藥補養全家	280 元	A006	本草綱目食物養生圖鑑	300 元
A007	選對中藥養好身	300 元	A008	餐桌上的抗癌食品	280 元
A009	彩色穴位圖鑑	280 元	A010	鼻病與咳喘的中醫快速療法	300 元
A011	拍拍打打養五臟	300 元	A012	五色食物養五臟	280 元
A013	痠痛革命	300 元			
		心理勵志小百科 18K			
B001	全世界都在用的 80 個關鍵思維	280 元	B002	學會寬容	280 元
B003	用幽默化解沉默	280 元	B004	學會包容	280 元
B005	引爆潛能	280 元	B006	學會逆向思考	280 元
B007	全世界都在用的智慧定律	300 元	B008	人生三思	270 元
B009	陌生開發心理戰	270 元	B010	人生三談	270 元
B011	全世界都在學的逆境智商	280 元	B012	引爆成功的資本+	280 元
B013	每個人都要會的幽默學	280 元	B014	潛意識的智慧	270 元
B015	10 天打造超強的成功智慧	280 元			
		口袋書系列 64K			
C001	易占隨身手冊	230 元	C002	兩岸簡繁體對照手冊	200 元
		諸子百家大講座 18K			
D001	鬼谷子全書	280 元	D002	莊子全書	280 元

【華志 2013-3 月電子書目錄】

書號	書名	定價	書號	書名	定價
		人物館			
E001	影響世界歷史的 100 位帝王	300 元	E002	曾國藩成功全集	350 元
E003	李嘉誠商學全集	300 元			
		歷史館			
E101	世界歷史英雄之謎	280 元	E102	世界歷史宮廷之謎	280 元
E103	為將之道	280 元	E104	世界歷史上的經典戰役	280 元
E105	世界歷史戰事傳奇	280 元	E106	中國歷史人物的讀心術	280 元
E107	中國歷史文化祕辛	280 元	E107	中國人的另類臉譜	280 元
		勵志館			
E201	學會選擇學會放棄	280 元	E202	性格左右一生	280 元
E203	心態決定命運	280 元	E204	給人生的心靈雞湯	280 元
E205	博弈論全集	350 元	E206	給心靈一份平靜	280 元
E207	謀略的故事	300 元	E208	用思考打造成功	260 元
E209	高調處世低調做人	300 元	E210	小故事大口才	260 元
		軍事館			
E301	世界歷史兵家必爭之地	280 元	E302	戰爭的哲學藝術	280 元
E303	兵法的哲學藝術	280 元			
		中華文化館			
E401	中華傳統文化價值觀	260 元	E402	人生智慧寶典	280 元
E403	母慈子孝	220 元	E404	家和萬事興	260 元
E405	找尋中國文化精神	260 元			
		財經館			
E501	員工的士兵精神	250 元			

國家圖書館出版品預行編目資料

你淡定了嗎？不是路已走到盡頭，而是該轉彎的時候 / 朱榮智作. -- 初版. -- 新北市：
華志文化, 2013.03
面； 公分. --（生活有機園；2）
ISBN 978-986-5936-35-8（平裝）

1. 修身 2. 生活指導

192.1 102001689

華志文化事業有限公司

書名／你淡定了嗎？不是路已走到盡頭，而是該轉彎的時候
系列／生活有機園 0 0 2

作　　者　朱榮智教授
執行編輯　林雅婷
美術編輯　黃美惠
文字校對　陳麗鳳
企劃執行　康敏才
總 編 輯　黃志中
社　　長　楊凱翔
出 版 者　華志文化事業有限公司
電子信箱　huachihbook@yahoo.com.tw
地　　址　116 台北市文山區興隆路四段九十六巷三弄六號四樓
電　　話　02-22341779

總經銷商　旭昇圖書有限公司
地　　址　235 新北市中和區中山路二段三五二號二樓
電　　話　02-22451480
傳　　真　02-22451479
郵政劃撥　戶名：旭昇圖書有限公司（帳號：12935041）
電子信箱　s1686688@ms31.hinet.net

出版日期　西元二〇一三年三月初版第一刷
售　　價　二二〇元

華志文化

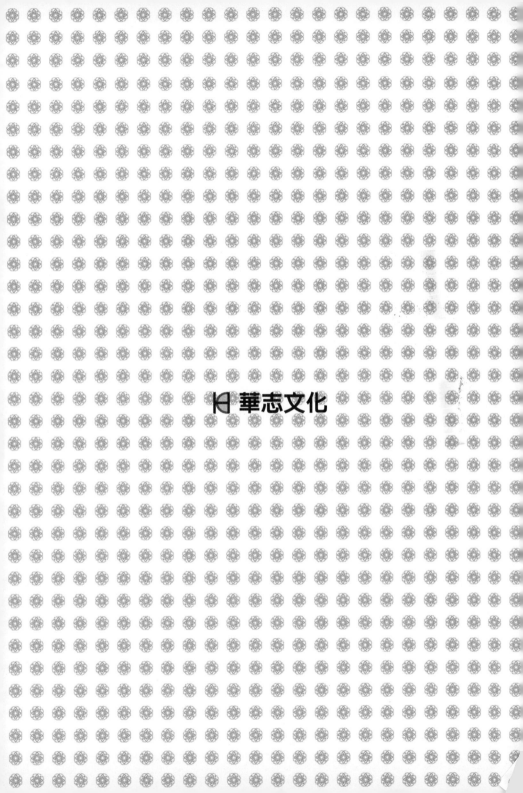

華志文化

華志文化

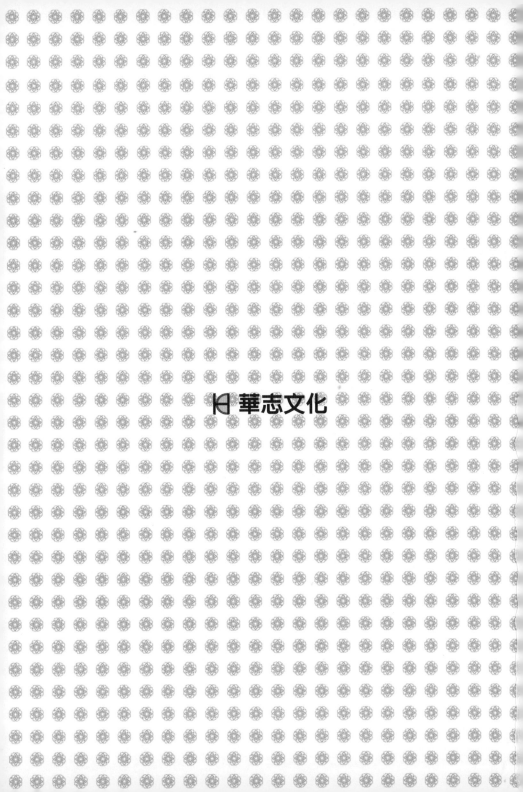

華志文化